国家级本科一流专业建设点——重庆工商大学国际经济与贸易专业资助

非传统全局均衡框架下的福祉分析
基于全球化视角

王疏影 ◎ 著

Welfare Analysis under the
Non-traditional General Equilibrium Frameworks
——From the Perspective of Globalization

中国社会科学出版社

图书在版编目（CIP）数据

非传统全局均衡框架下的福祉分析：基于全球化视角 / 王疏影著. —北京：中国社会科学出版社，2021.8
ISBN 978 - 7 - 5203 - 8989 - 1

Ⅰ.①非… Ⅱ.①王… Ⅲ.①社会保障—研究—中国 Ⅳ.①D632.1

中国版本图书馆 CIP 数据核字（2021）第 173833 号

出 版 人	赵剑英
责任编辑	刘晓红
责任校对	周晓东
责任印制	戴 宽

出　　版	中国社会科学出版社
社　　址	北京鼓楼西大街甲 158 号
邮　　编	100720
网　　址	http：//www.csspw.cn
发 行 部	010 - 84083685
门 市 部	010 - 84029450
经　　销	新华书店及其他书店
印　　刷	北京君升印刷有限公司
装　　订	廊坊市广阳区广增装订厂
版　　次	2021 年 8 月第 1 版
印　　次	2021 年 8 月第 1 次印刷
开　　本	710×1000　1/16
印　　张	10.75
插　　页	2
字　　数	151 千字
定　　价	58.00 元

凡购买中国社会科学出版社图书，如有质量问题请与本社营销中心联系调换
电话：010 - 84083683
版权所有　侵权必究

前　言

　　增进民生福祉是发展的根本目的，是我党坚持立党为公、执政为民的本质要求。在全球化背景下，中国积极推动形成以国内大循环为主体、国内国际双循环相互促进的新发展格局。日益复杂与严峻的国际形势势必对我国的经济社会产生巨大影响，最终影响国民的民生福祉。因此，有必要基于全球化视角对促进国民社会福祉增加的机制进行探讨。

　　近年来，东西方经济学者与政策制定者逐渐从单纯关注经济增长转向关注个人幸福，如何提升民生幸福成为政府政策的终极目的。但是，国内学术界通过构建理论模型探讨公共政策对社会总福祉（可解释为社会成员的整体幸福感水平）影响机制的研究却相对较少，这类研究主要存在两个难点：一是个人福祉（或称为主观幸福感）的影响因素繁多。二是传统经济学分析方法在某些方面存在缺陷。比如，传统局部均衡分析忽略了研究主体之外的其他经济体的影响；传统全局均衡分析方法一般需要假设完全竞争，且建模困难很难得到较多实质性的结果；传统边际分析无法分析劳动力和分工结构变动的影响。

　　基于上述现实与理论背景，本书采用了两种非传统全局均衡分析方法（综观经济分析方法和超边际均衡分析方法），并设定了一般性的福祉分析函数，构建了两个非传统全局均衡框架下的社会总福祉分析模型。本书从理论角度探讨了公共政策（包括货币政策、财政政策和碳减排政策）对社会总福祉的影响机制，并给出相应政策建议。本书的研究工作不仅是对这两个非传统全局均衡分析方法的理论拓展，而且促使理论和政策的重心重新回归到社会总福祉最大化这一终极目标上，具有较高的理论创新和现实指导的意义。本书主要内容及创新之处包括以下四点：

第一，本书采用的研究方法前沿，是对两个非传统全局均衡分析方法（综观经济学分析方法和超边际均衡分析方法）的理论拓展与实际应用。这两个非传统全局均衡理论模型在一定程度上弥补了传统经济分析方法的某些不足，比如不必采用完全竞争的假设，包括专业化与劳动力分工问题的分析等。更具有实用性，发展潜力巨大。

第二，本书构建了一个具有典型厂商、就业者、失业者和政府部门的综观经济学分析模型，并在此模型框架下进行社会总福祉分析。在此基础上，我们分别探讨了不同宏观政策因素（货币政策的实施、征收个人所得税、征收企业所得税等）对宏观经济和社会总福祉的影响机制，为决策者实现社会总福祉最大化提供理论参考。本书首次在综观经济学模型框架下进行社会总福祉分析，使该理论的应用范围更广泛。

第三，本书采用综观经济分析模型简单论述，仅放松不现实的完全竞争假设，货币就可能在短期和长期均表现为非中性的。在此基础上，通过构建相关研究很少涉及的综观经济学动态模型，并采用数值模拟的方式更直观地说明，外生冲击（如国际金融危机导致国内总需求减少）可能推动经济系统形成经济周期。从理论层面解释了金融远比传统经济认为的重要，金融危机会对实体经济产生巨大影响。

第四，本书将超边际均衡分析方法应用于绿色经济增长的研究，证明政府实行不需要政府选择"赢家"的碳减排政策，可促使市场转为低碳经济结构。并在此框架下进行社会总福祉分析，证明相对于单纯的碳税政策，将碳税收入用于提高低碳市场交易效率的碳税政策因为考虑了分工结构变动的间接网络外部性，可能会增加社会总福祉。同时，我们通过数值模拟的方法，进一步探讨了三个重要参数对减排政策实施效果的影响，并提出相应的政策建议。

编后记，要着重感谢"国家级本科一流专业建设点——重庆工商大学国际经济与贸易专业"提供经费支持。本书的完成也将用于促进本专业的进一步发展。

目　　录

第一章　绪论 ·· 1
　　第一节　研究背景 ·· 1
　　第二节　相关非传统全局均衡分析方法的国内外
　　　　　　研究现状 ·· 23
　　第三节　研究思路和全书结构 ···································· 33
　　第四节　本书主要创新点 ·· 36

第二章　综观经济分析方法与福祉函数简介 ······················ 39
　　第一节　综观经济分析法的基本简化 ·························· 39
　　第二节　综观经济分析法的基本模型构建 ··················· 43
　　第三节　综观经济分析基本结果讨论 ·························· 47
　　第四节　个人效用、个人福祉和社会总福祉 ················ 54
　　第五节　本章小结 ·· 57

第三章　综观经济学分析框架下的福祉分析 ······················ 59
　　第一节　引言 ·· 60
　　第二节　理论模型构建 ··· 62
　　第三节　比较静态分析 ··· 69
　　第四节　比较静态结果讨论 ······································ 74
　　第五节　福祉分析 ·· 83
　　第六节　总结 ·· 90

第四章　综观经济学动态模型 …… 92

第一节　引言 …… 93
第二节　综观经济学视角解释经济周期 …… 98
第三节　基本综观经济学动态模型构建 …… 107
第四节　动态模型结果讨论 …… 114
第五节　总结 …… 123

第五章　超边际均衡理论模型框架下的福祉分析 …… 125

第一节　引言 …… 126
第二节　超边际均衡模型构建 …… 131
第三节　超边际均衡绿色经济增长模型的基本结果讨论 …… 136
第四节　超边际均衡绿色经济增长模型框架下的福祉分析 …… 139
第五节　超边际均衡绿色经济增长模型的数值模拟分析 …… 141
第六节　结论 …… 145

第六章　结论与展望 …… 147

第一节　主要结论 …… 147
第二节　研究展望 …… 150

参考文献 …… 152

后　记 …… 163

第一章

绪　论

本章的主要内容包括：第一节简单描述本书选题的现实与理论背景，从中提出所要研究的问题，并阐明研究的现实与理论意义；第二节回顾本书涉及的相关领域（包括综观经济分析方法和超边际均衡分析方法）的国内外研究现状；第三节对本书的研究思路与分析框架进行必要的阐述；第四节概述本书的主要创新。

第一节　研究背景

当前，国际形势日益复杂，2008年国际金融危机之后经济全球化的浪潮逐渐受阻，贸易保护主义兴起；地缘政治冲突交织着极端势力、民粹主义思潮扑面而来；被认为是第二次世界大战以来世界面临的最大危机——新冠肺炎疫情在全世界范围内的蔓延，不仅威胁了人类的健康，同时对世界经济造成了重创。[①] 同时，随着全球化程度的逐渐加深，各国之间经济、政治、文化等各方面的相互依存、相互影响日益加深。全球化对人类社会的影响不断扩张。全球化是一柄"双刃剑"，一方面，经济全球化通过各种生产要素在全

---

① 刘卫东：《新冠肺炎疫情对经济全球化的影响分析》，《地理研究》2020年第7期。

球范围内优化组合和资源优化配置，促进了全球经济的繁荣发展；①另一方面，全球化也带来了各国共同面临的社会经济环境等问题。

自改革开放以来，中国主动且积极融入世界经济发展，充分借助全球化东风，"经过多年的高速经济增长，经济总量已经跃居世界第二，人均收入也步入了世界中高收入经济体行列"。② 然而，随着经济高速增长的是环境严重污染、收入分配不公、社会风气大不如前的问题，经济增长的质量受到质疑。当前，中国经济增长速度降低，经济发展已从过去的高速增长转向了高质量发展阶段。高质量发展不只是对经济发展的要求，而是对经济社会发展方方面面的总要求，其根本的目的是增进人民福祉。

然而，国内外学者研究发现，中国国民幸福感水平并未展现出与经济高速增长相应的巨大提升。根据《世界幸福感报告（2020）》研究发现，2019年中国国民幸福感排名居全球144个国家和地区的第91位。从全世界范围来看，中国国民幸福感是相对较低的。图1-1中显示了2006—2019年中国国民主观幸福感与GDP增长指数年变动趋势。国民主观幸福感的资料来源于盖洛普世界民意调查（The Gallup World Poll），在调查中要求受访者想象一个0—10的阶梯，幸福感最高为10，最低为0，并要求受访者为自己的生活幸福感进行打分。从图1-1中可以看出，从2006年至2019年，中国GDP的增长一直呈现高速增长的态势。在2010年前，中国GDP的年增长速度一直保持在10%以上，2010年之后，中国GDP的增长速度逐渐放缓。同时，中国国民幸福感从2006年的4.56波动增加到2019年的5.14，增长的速度远不及中国经济增长的速度。2009年，由于国际金融危机的影响，中国国民幸福感大幅降低至4.45。2017年至2019年，中国国民幸福感也有一定程度的降低。

---

① 齐子豪、李标：《全球化背景下中国潜在经济增长的影响因素与趋势再估计》，《工业技术经济》2020年第10期。
② 陈诗一、陈登科：《雾霾污染、政府治理与经济高质量发展》，《经济研究》2018年第2期。

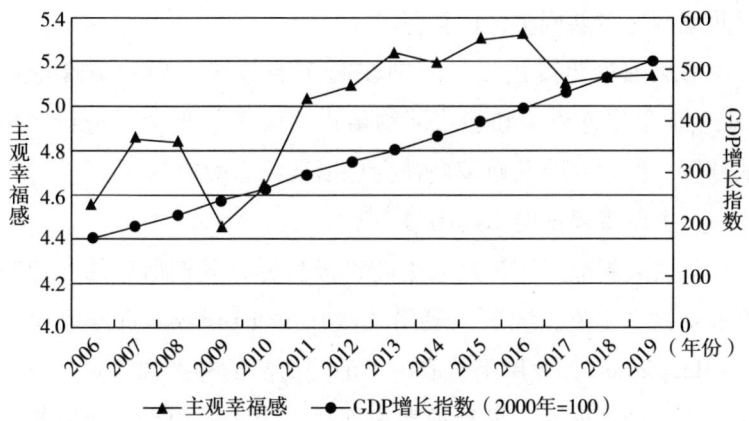

图1-1 中国国民主观幸福感与GDP增长指数年变动趋势(2006—2019年)

注：①中国国民主观幸福感资料来源于盖洛普世界民意调查。在调查中要求受访者想象一个0—10的阶梯，幸福感最高为10，最低为0，并要求受访者为自己的生活幸福感进行打分。②GDP增长指数数据来源于国家统计局。

当前，许多经济学者和政策制定者已经开始正视这些问题，并进行了大量研究。研究结果表明，福祉（可解释为幸福，在本书中，幸福指的是主观幸福感，这是大多数对幸福进行科学研究的学者对这个术语的定义）才是人们追求的终极目标①，社会总福祉（在本书中指社会成员福祉的总和）是政策制定的终极目标。学者提出公共政策应该减少对于单纯经济目标（如GDP）的关注，而更多地关注能提高社会平均幸福感水平的因素（如就业率、环境质量、社会公平、健康、安全等）。② 以实现社会可持续发展的目标。如果政府采用不平衡的政策导向，只注重GDP的增长，而忽略社会和环境等目标，其结果很可能会导致社会总福祉的减少。因此，政府如何采取有效的公共政策以实现社会总福祉最大化，成为经济学

---

① Ng Yew-Kwang, "From Preference to Happiness: Towards a More Complete Welfare Economics", *Social Choice and Welfare*, Vol. 20, No. 2, 2003.

② Ng Yew-Kwang, "Happiness Studies: Ways to Improve Comparability and Some Public Policy Implications", *Economic Record*, Vol. 84, 2010.

者和政策制定者共同关注的目标。

本书从理论角度出发，分别在两个非传统全局均衡理论模型（综观经济学理论模型和超边际均衡理论模型）框架下进行社会总福祉分析，以探究公共政策对社会总福祉的影响机制。

一　主观幸福感的影响因素

幸福被大多数人认为是人生的终极目标，我们所做的一切都是在追求幸福。主流经济学一般用"效用"（Utility）直接取代"幸福"（Happiness），效用函数取决于消费商品的种类和数量。收入的增加会使生产可能性边界和预算线外移，个人效用最大化决策点将处于更高的无差异曲线上，意味着为个人带来了更高的效用，隐含着更大的幸福感。因此，主流经济学认为收入水平的整体增长会带来幸福感的增加，经济增长因此一直被作为经济学研究的核心命题。在此理论影响下，各国政府都对经济增长非常重视。

然而，基于心理学以及其他社会科学中的主观幸福感（Subjective Well-Being，SWB）的实证研究却对以上传统的结论提出了质疑。近年来，快乐经济学（Economics of Happiness）获得了极大的发展，它综合运用经济学、心理学和社会学的研究方法，采用明示偏好的方法（Preference Expression），即直接让受访者回答他们对某些问题的看法，以表明他们对快乐的态度，扩展了传统经济学的效用和福利的概念。20世纪后半期兴起的幸福研究主要从人自身对幸福水平的评价出发，因此被统称为主观幸福感。随着主观幸福感的概念逐渐明晰，对主观幸福感的测量也日趋活跃。目前，自陈量表法是测量主观幸福观的主要方法，即运用量表对被试者进行调查从而获得主观幸福感状况的测量方法。[1][2] 其他还包括，日重现法

---

[1] Diener Ed and Suh Eunkook, "Measuring Quality of Life: Economics, Social, and Subjective Indicators", *Social Indicators Research*, Vol. 40, No. 7, 1997.

[2] Collins A. L., et al., "Flow and Happiness in Later Life: An Investigation into the Role of Daily and Weekly Flow Experiences", *Journal of Happiness Studies*, Vol. 10, No. 6, 2009.

（DRM）、旁观者报告法、任务完成法和生理测量法等。① 运用这些测量方法需要借助一定的测量工具——量表才能实现对主观幸福感的度量。国内外众多研究者采用编制的自陈量表都对主观幸福感进行了很好的测量，其信度、效度与可比性都得到了检验。②③④

这类研究对不同人群进行幸福水平的调查（Happiness Survey），研究幸福感水平的影响因素。研究发现，近几十年来，尽管许多国家的人均实际收入大量增长，但国民幸福水平却保持不变甚或有所下降。这就是所谓的"幸福悖论"（The Paradox of Happiness）。由于美国经济学家Easterlin在1974年首次提出这一现象，所以"幸福悖论"又被称为"Easterlin悖论"。⑤ 基于国家间的横截面数据和时间序列数据的实证研究大多印证了这一结论。

"幸福悖论"的现象也同样存在于中国。从上文分析可知，近十多年，中国国民幸福感呈现缓慢上升趋势，但远远不及中国经济增长的速度。Brockmann等根据世界价值观调查数据发现，尽管中国从1990年到2000年的经济增长较快，但中国人的幸福感均值下降了0.7。⑥ Easterlin等对中国国民的主观幸福感进行研究，发现中国最近20年的经济增长并未带来民众生活满意程度的相应的提升。⑦ 由于幸福感的某些概念（如不同个人对幸福感的不同认知，幸福感的相对性多维性非基数性和人际不可比性）和幸福感研究的

---

① 邢占军：《主观幸福感测量研究综述》，《心理科学》2002年第3期。

② Robinson J. P. and Shaver P. R., "Measures of Social Psychological Attitudes", Contemporary Sociology, Vol. 5, No. 4, 1973.

③ Ng Yew-Kwang, "Happiness Surveys: Some Comparability Issues and an Exploratory Survey Based on Just Perceivable Increments", Sociol Indicotors Research Vol. 38, No. 1, 1996.

④ Kahneman, et al., "Developments in the Measurement of Subjective Well-Being", Journal of Economic Perspectives, Vol. 20, No. 1, 2006.

⑤ Easterlin Richard A., "Does Economic Growth Improve the Human Lot? Some Empirical Evidence", Nations & Households in Economic Growth, Vol. 89, 1974.

⑥ Brockmann H., et al., "The China Puzzle: Falling Happiness in a Rising Economy", Journal of Happiness Studies, Vol. 10, No. 4, 2009.

⑦ Easterlin Richard A., et al., "China's Life Satisfaction, 1990-2010", Proceedings of the National Academy of Sciences, Vol. 109, No. 25, 2012.

某些方法论（如采用了人际不可比和非基数的幸福感测量方法）等的限制，学术界对国民幸福感水平的研究结果并不完全统一。以现有对中国国民幸福感水平的研究结果来看，尽管中国国民的幸福感水平在近二三十年有一定程度的提升，但和中国改革开放以来经济的飞速发展相比，中国国民的幸福感水平并未展现出与之相应的巨大提升。

"幸福悖论"的普遍存在引发了人们对主流经济学的反思。目前，有很多文献试图对这一悖论做出解释。[1][2] 一种解释是从收入本身出发来解释"幸福悖论"。心理学中的社会比较理论认为对于一个人的心理感受来说，最重要的不是他的绝对收入水平，而是他和别人比较的相对地位。作为参照或比较对象的收入越高，个体就处于相对劣势地位，其幸福感就越低；反之，作为参照或比较对象的收入越低，个体就处于相对优势地位，其幸福感就越高。增加所有人的收入并不会提高所有人的幸福感，因为所有的人与别人相比，自己的收入都没有提高。[3] 基于该理论的实证研究为这一结果提供了支持。[4] 另一种解释是虽然绝对收入增加了，但其他影响幸福的变量也在变化。例如，环境恶化对一个环保者的幸福感的负面影响十分巨大，以至于完全抵消了绝对收入增加给他带来的幸福感。[5]

同时，"幸福悖论"也对政府公共政策的制定提出了挑战。有激进的观点认为，至少对于发达国家来说，经济增长本身并不重

---

[1] Blanchflower D. G. and Oswald A. J., "Well-being Over Time in Britain and the USA", *Journal of Public Economics*, Vol. 88, No. 7, 2004.

[2] 何立新、潘春阳：《破解中国的"Easterlin 悖论"：收入差距、机会不均与居民幸福感》，《管理世界》2011 年第 8 期。

[3] Wood and J. V., "What is Social Comparison and How Should We Study It?", *Personality & Social Psychology Bulletin*, Vol. 22, No. 5, 1996.

[4] Ferrer-I-Carbonell A., "Income and Well-being: An Empirical Analysis of the Comparison Income Effect", *Journal of Public Economics*, Vol. 89, No. 5-6, 2005.

[5] Diener E. and Seligman Martin, "Beyond Money: Toward an Economy of Well-Being", *American Psychological Society*, Vol. 5, No. 1, 2004.

要，因此不应成为政府政策的主要目标。① 2007年，亚洲开发银行首次提出包容性增长（Inclusive Growth）的概念。从根本上说，包容性增长既关注效率，也关注公平。② 政策制定者已开始关注经济增长以外的目标。目前，越来越多的国家将国民的幸福感水平视为衡量社会进步的一个重要指标和公共政策的重要目标。

在主观幸福感的内涵和测量两方面研究大量出现的同时，众多幸福感影响因素的理论与实证研究开始大量涌现。近年来，逐渐活跃的幸福研究表明，幸福感或称为个人福祉受到诸多因素的影响，收入只是影响其变化的原因之一，其他因素还包括：人口因素中的年龄、性别、婚姻状况和受教育程度；经济因素中的收入、就业状况、公共物品和通货膨胀；社会因素中的社会比较、心理预期、社会价值观的稳定程度和信任感等，环境质量作为具有外部性的公共物品之一也被认为与幸福感有关。③

影响主观幸福感的因素有很多。对人口学变量、性格特征和基因等因素如何影响主观幸福感的研究更多的是心理学家和社会学家，经济学家更关注经济变量对主观幸福感的影响。在整合文献的基础上，影响主观幸福感的因素具体可分为个人特征、经济因素、社会因素、环境因素、政治因素等几个方面。

个人特征是影响主观幸福感的基础性因素，目前，研究者所关注的个人特征包括性别、年龄、教育背景、健康状况、婚姻状态等。④⑤ "收入"一直是经济学关注的核心变量，一般来说，幸福研究中的收入包含绝对收入、相对收入和对收入的欲望。研究发现，

---

① Oswald A. J., "Happiness and Economic Performance", *The Economic Journal*, Vol. 107, 1997.
② 张勋、万广华、张佳佳等：《数字经济、普惠金融与包容性增长》，《经济研究》2019年第8期。
③ 亓寿伟：《中国居民主观幸福感与公共政策》，中国社会科学出版社2013年版。
④ 蔡华俭、黄玄凤、宋海荣：《性别角色和主观幸福感的关系模型：基于中国大学生的检验》，《心理学报》2008年第4期。
⑤ Alesina A., et al., "Inequality and Happiness: Are Europeans and Americans Different?", *Journal of Public Economics*, Vol. 88, 2001.

居民的绝对收入对幸福感具有积极影响。① 然而,当人均收入达到一定水平之后,继续提高人均收入对幸福感的影响将十分有限。② 随后,越来越多的研究者开始关注相对收入对幸福感的影响,但未取得一致的研究的结论。③④ 研究表明,失业、通货膨胀也会对幸福感产生影响。⑤ 社会因素对主观幸福感的影响主要体现在社会资本方面。社会资本是指个体或团体之间的关联——社会网络、互惠性规范和由此产生的信任,是人们在社会结构中所处的位置给他们带来的资源。很多实证研究都证明社会资本对主观幸福感具有显著性的影响。⑥⑦ 自然环境对于幸福感的影响越来越受到研究者的关注。⑧⑨⑩⑪ 越来越多的政府已经意识到,其提供服务、政策制定和保持经济增长的最终目标是增加居民的福祉。现有经验研究证实,总体上来说,政府效率、减少腐败和公正的制度等维度的政府质量

---

① Ferrer-I-Carbonell A., "Income and Well-being: An Empirical Analysis of the Comparison Income Effect", ibid. Vol. 89, No. 5-6, 2005.

② Easterlin R. A., "Will Raising the Incomes of All Increase the Happiness of All?", *Journal of Economic Behavior & Organization*, Vol. 27, No. 1, 1995.

③ 张学志、才国伟:《收入、价值观与居民幸福感——来自广东成人调查数据的经验证据》,《管理世界》2011年第9期。

④ Wang J., et al., "Relative Income and Subjective Well-Being of Urban Residents in China", *Journal of Family and Economic Issues*, Vol. 40, 2019.

⑤ DiTella Rafael, et al., "The Macroeconomics of Happiness", *Review of Economics & Statistics*, Vol. 85, 2003.

⑥ Elgar F. J., et al., "Social Capital, Health and Life Satisfaction in 50 Countries", *Health & Place*, Vol. 17, No. 5, 2011.

⑦ 王疏影、梁捷:《幸福的来源——以中国青少年为例》,《学术月刊》2014年第11期。

⑧ Mackerron G. and Mourato S., "Life Satisfaction and Air Quality in London", *Ecological Economics*, Vol. 68, No. 5, 2009.

⑨ 王疏影、史鹤凌、黄有光:《碳减排与经济增长双赢的可行性分析》,《社会科学战线》2015年第3期。

⑩ Ng Yew-Kwang, "Consumption Tradeoff vs Catastrophes Avoidance: Implications of Some Recent Results in Happiness Studies on the Economics of Climate Change", *Climatic Change*, Vol. 105, No. 1-2, 2011.

⑪ Chang P. J., et al., "Air Pollution as a Moderator in the Association Between Leisure Activities and Well-Being in Urban China", *Journal of Happiness Studies*, Vol. 20, 2019.

改善都能够显著增加居民主观幸福感。①② 政府公共物品与服务的有效供给，也能显著增加居民主观幸福感。③

以下，我们将从中国的实际情况出发，进一步详细地阐释影响主观幸福感水平的三个重要因素：相对收入、环境质量和公共产品与服务。

（一）相对收入与主观幸福感

研究表明，收入水平（包括绝对收入和相对收入）对人们的主观幸福感会产生正向且显著的影响。从影响的效果看，相对收入对主观幸福感的影响更大。心理学中的社会比较理论认为，人们会通过将自己当前的绝对收入水平和他人的、自己以前的，尤其是他人现在的水平进行比较来形成对目前状况满意程度的判断。理论上说，在自己收入不变的前提下，他人收入的增加会导致自己的相对收入水平的下降，会降低个体的幸福程度。对于某一社会群体而言，群体成员之间的收入差距越大，其中的低收入群体会感到越不幸福。Oishi 等通过美国社会调查数据发现，社会收入水平的不平等与社会平均幸福感之间存在负相关性，且这种负相关性只对低收入群体显著，而对高收入群体不显著。可能的原因是低收入群体由于收入差距感到不公平和不被信任。④ 当前，许多实证研究已对相对收入对于主观幸福感的影响提供了支持。

从理论上讲，相对收入会对主观幸福感产生影响。而现实中，收入差距的现象确实普遍存在。我们以中国为例进行说明。

当前，中国经济在保持快速增长的同时，城乡之间、地区之间、

---

① Huang and Jiawen, "Income Inequality, Distributive Justice Beliefs, and Happiness in China: Evidence from a Nationwide Survey", *Social Indicators Research*, Vol. 142, 2018.

② Flavin P., "State Government Public Goods Spending and Citizens' Quality of Life", *Social Science Research*, Vol. 78, 2019.

③ Ng Yew - Kwang and Ng Siang, "Why should Government Encourage Improvements in Infrastructure? Indirect Network Externality of Transaction Effiency", *Public Finance and Management*, Vol. 7, No. 5, 2007.

④ Oishi, et al., "Income Inequality and Happiness", *Psychological Science (Sage Publications Inc.)*, 2011.

行业之间等不同群体的收入差距依然明显,且在某些时段呈现出差距相对扩大的趋势。国际上将基尼系数(Gini Coefficient)视为综合考察居民内部收入分配差异状况的一个重要分析指标,通常把0.400作为贫富差距的警戒线。从图1-2中可以看出,2003—2016年,中国的基尼系数一直在0.400以上,超过了收入差距的警戒线,尤其是国际金融危机时期(2008年)甚至达到了0.491。近几年,由于中国政府的努力,中国的贫富差距有一定程度的缩小,基尼系数相对减小,但是与世界平均水平相比仍旧相当大。一般发达国家的基尼系数在0.240—0.360,美国偏高,为0.400。这些调查数据表明中国财富在社会成员之间分配严重不均,居民的收入差距相当悬殊。2009年,世界银行发布了一份数据报告,最高收入的20%人口的平均收入和最低收入20%人口的平均收入之比,中国是10.7倍,而美国是8.4倍,印度是4.9倍,俄罗斯是4.5倍,最低的是日本,只有3.4倍。整体来讲,中国居民收入的两极化趋势相当明显。①

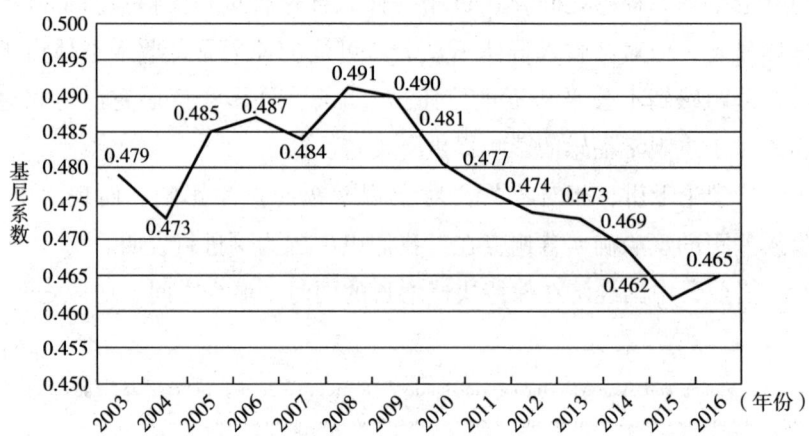

图1-2 2003—2016年中国基尼系数情况

资料来源:国家统计局。

---

① 李实、罗楚亮:《中国收入差距究竟有多大?》,《经济研究》2011年第4期。

其中，中国城乡居民间的收入差距是全国整体收入差距中最重要的部分。① 不仅城乡居民之间存在很大的收入差距，城镇居民和农村居民内部的收入差距也不容忽视。图1-3显示了2000—2020年中国城乡居民人均可支配收入差距的变化趋势。从图1-3可以看出，从2000年至2020年，这20年中国城镇居民与农村居民的人均收入水平均逐年增加。但中国城镇居民和农村居民之间的收入差距一直存在。2002—2009年城乡居民人均收入比一直保持在"3"以上。2010年之后的10年，城乡居民人均收入比呈现逐年缩小的趋势，但仍然高于"2.5"。中国城乡的收入差距仍然相当大。

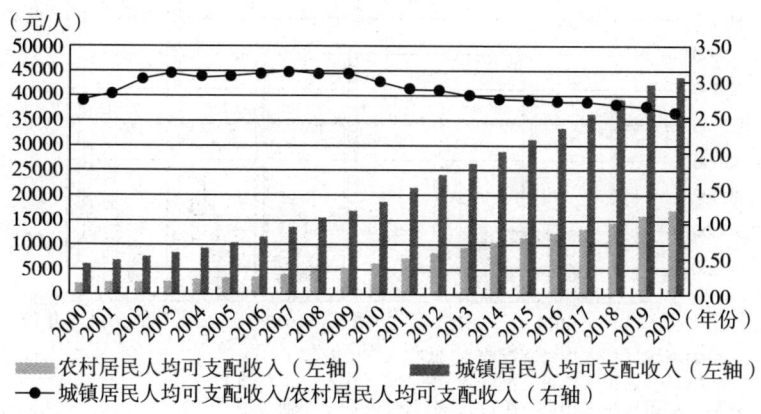

图1-3 中国城乡居民人均可支配收入差距（2000—2020年）

资料来源：国家统计局。

分别观察城镇居民群体和农村居民群体，收入差距也相当明显。从图1-4中可以看出，2013—2019年，中国城镇最低收入人群的年收入水平逐年增加，2019年最低收入人群的年平均收入水平是

---

① 杨灿明、孙群力：《中国居民收入差距与不平等的分解——基于2010年问卷调查数据的分析》，《财贸经济》2011年第11期。

2013年的1.57倍。2013—2015年，城镇居民最高收入人群的收入水平与最低收入人群的收入水平的差距有一定缩减，但2015—2019年，城镇居民最高收入人群的收入水平与最低收入人群的收入水平的差距又逐年增加。到2019年，城镇居民最高收入人群（20%）的人均收入水平是最低收入人群（20%）的5.9倍。2019年，城镇居民收入水平最高的20%人群的年人均收入水平已超过9万元，而收入水平最低的20%的人群年人均收入水平为1.5万元左右。城镇居民群体内部的收入差距仍相当巨大。

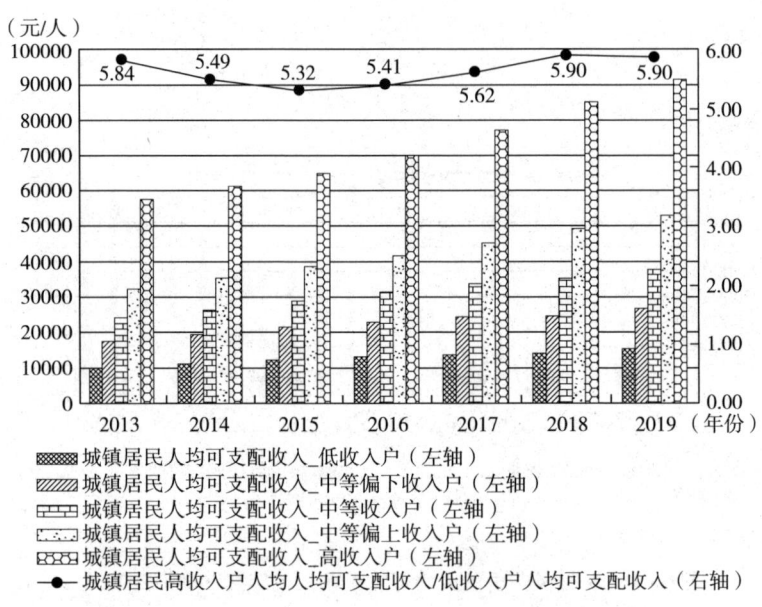

图1-4　按收入水平分等级的城镇居民收入情况

资料来源：国家统计局。

从图1-5可以看出，2013—2015年，中国农村居民最高收入人群的水平与最低收入人群的收入水平的差距相当大。2013—2019年，农村居民最高收入人群（20%）的人均收入水平与最低收入人群（20%）的人均收入水平之比一直在7.4以上，在2016年，甚至达到了9.46。2019年，农村居民收入水平最高的20%人群的年人均收入水平已超过3.6万元，而收入水平最低的20%人群的年人均收入水平仅为0.4万元左右。农村居民群体内部的收入差距仍相当巨大。

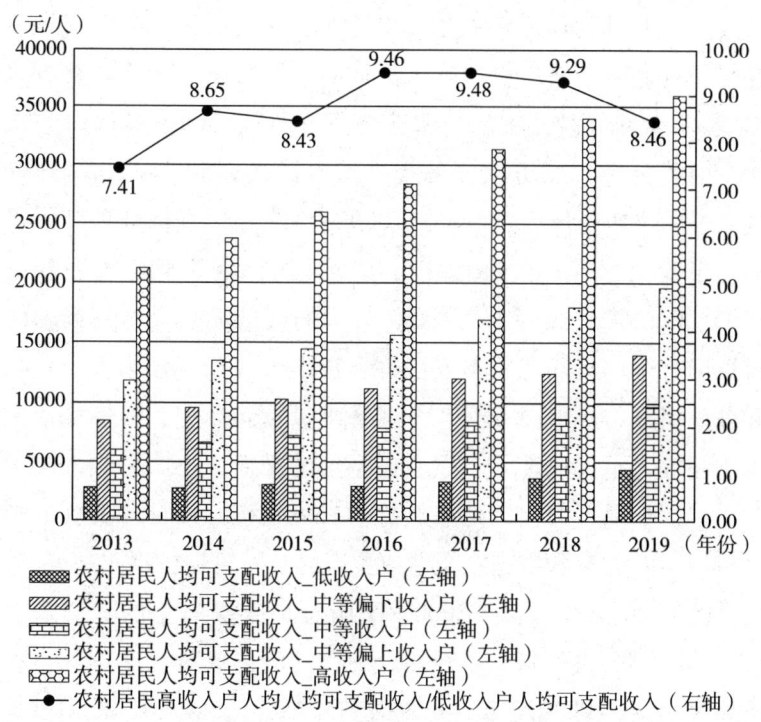

图1-5　按收入水平分等级的农村居民收入情况

资料来源：国家统计局。

从以上数据分析可看出，中国面临的收入差距问题是相当严重的。以最大化国民幸福感水平为最终目标的政府，必须正视这一问题。通过采用有效合理的公共政策，比如采取税收手段、提供失业补助、健全社会保障制度等，缩小社会收入差距。这对内需启动、贫困缩减、社会稳定等具有异乎寻常的意义，同时对提高社会总福祉更有益。①②

（二）环境质量与主观幸福感

居民的生存环境（自然环境和社会环境）对他们的福祉有重要的影响。良好的环境能够帮助我们减少焦虑和绝望的情绪，使身心达到良好的状态。相反地，恶劣的环境会让人觉得痛苦和绝望。

当前，由于人们无节制地向大气排放二氧化碳等温室气体使全球变暖，对地球生态环境产生了深远的负面影响，严重威胁着人们的健康。③全球气候变化是全球性的环境问题。IPCC（政府间气候变化专门委员会）第五次评估报告指出，从1950年起，全球气候系统变暖的事实是毋庸置疑的。1880—2012年，全球陆地和海洋表面平均温度数据计算的线性变暖趋势显示，全球平均气温升高了0.85℃（0.65℃升高到1.06℃），人为的碳排放是全球气候变暖的主要原因。全球气候变暖引发了许多极端天气和气候事件，包括冰川和冻土消融、海平面上升，全球降水量重新分配，很多城市雾霾天气增多等，不仅危害了自然生态系统的平衡，还威胁到人类的健康与生存。如果不加控制地持续排放二氧化碳，则全球变暖的情况仍将持续，对人类和生态系统造成更普遍且不可逆的严重危害。④

从图1-6可以看出，2000—2016年，美国每年的碳排放一直在55亿吨左右。从2002年开始，中国的碳排放量飞速增长，2005年已超过美国，到2012年，已超过每年100亿吨。国际能源署的最新数据显示，2014年全球碳排放总量为357亿吨，前6大排放主体依次为中国、美国、欧盟、印度、俄罗斯以及日本，总计占全球69.2%。中国的年排放量（105亿吨）大于美国与欧盟的和，是唯

---

① 章元、万广华、史清华：《中国农村的暂时性贫困是否真的更严重》，《世界经济》2012年第1期。

② Frey B. S. and Stutzer A., "The Use of Happiness Research for Public Policy", *Social Choice & Welfare*, Vol. 38, No. 4, 2012.

③ Davis, et al., "Globalization, Climate Change, and Human Health", *New England Journal of Medicine*, Vol. 368, No. 14, 2013.

④ IPCC, *Climate Change* 2014: *Synthesis Report*, 2014.

——一个年排放量超过100亿吨的国家，也是人类历史上唯一一个。

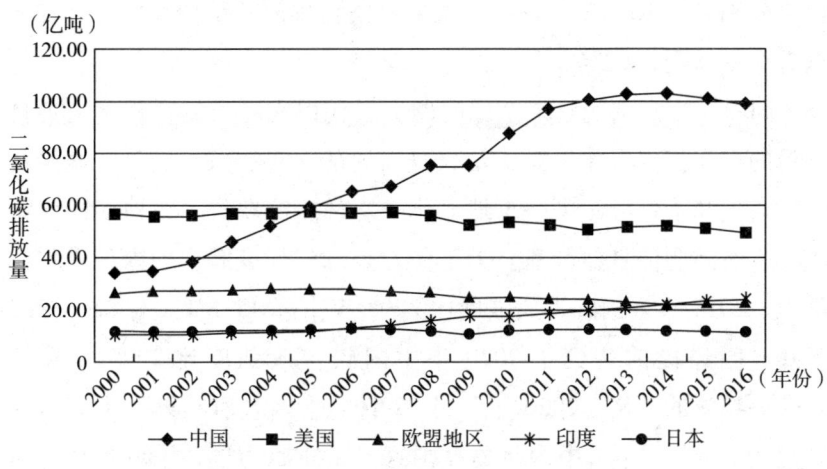

图1-6 世界主要经济体二氧化碳排放量对比

资料来源：世界银行。

全世界已开始重视碳减排的问题。2015年12月，于法国巴黎举行的《联合国气候变化框架公约》缔约方会议第二十一次大会上，近200个国家政府缔约方一致同意通过了《巴黎协议》，指出各方将加强对气候变化威胁的全球应对，把全球平均气温较工业化前水平升高控制在2℃之内，并为把升温控制在1.5℃之内而努力。此协议传递出了全球将实现绿色低碳、气候适应型和可持续发展的强有力积极信号。

面对如此严峻的环境形势，2005年，习近平总书记提出"绿水青山就是金山银山"的理念。党的十八大报告中明确指出"推进生态文明建设"，"着力推进绿色发展、循环发展、低碳发展"，"为人民创造良好生产生活环境"。党的十九大报告在总结以往实践的基础上提出了构成新时代坚持和发展中国特色社会主义基本方略的"十四条坚持"，其中就明确地提出"坚持人与自然和谐共生"。《中华人民共和国国民经济和社会发展第十四个五年规划和2035年远景目标纲要》明确提出广泛形成绿色生产生活方式，碳排放达峰后稳中有降，生态环境根本好转，美丽中国建设目标基本实现。具体目标包括"十四五"时期单位国内生产总值能源消耗和二氧化碳排放分别降低13.5%、18%,主要污染物排放总量持续减少,森林覆盖率提高到24.1%。

同时,生态问题是个全球问题。近代以来,人们曾轻率地把自然界的存在仅仅看作人类满足自身需要的一种手段。于是,气候变暖、空气和水资源污染、土地退化、森林资源缺失、物种多样性锐减等生态问题便日益凸显。为了应对全球气候变暖,中国各界均在努力。2018年全国碳排放强度比2005年下降45.8%,保持了持续下降,已经提前达到了2020年中国碳排放强度比2005年降低40%—45%的承诺。2020年9月22日,中国政府在第七十五届联合国大会上提出:"中国将提高国家自主贡献力度,采取更加有力的政策和措施,二氧化碳排放力争于2030年前达到峰值,努力争取2060年前实现碳中和。"2021年3月5日,国务院总理李克强在2021年国务院政府工作报告中指出,扎实做好碳达峰、碳中和各项工作,制定2030年前碳排放达峰行动方案,优化产业结构和能源结构。但由于化石能源的燃烧仍然是中国经济发展的主要拉动力,如何实现碳减排和经济增长之间的"双赢"仍然是一个重要的课题。

总之,学术研究表明环境质量是影响人类主观幸福感的重要因素之一。同时,从现实出发,我们发现碳排放所引发的全球气候变暖会对环境质量产生严重的负面影响,是不容忽视的问题。

(三)公共产品与主观幸福感

在社会比较等心理因素存在的情况下,私人物品的消费存在难以避免的负外部效应。公共物品是通过税收将部分引起社会比较的私人消费转移到不存在比较的,人人可共享的公共物品上来,从而减少了过多的"显性消费"带来的幸福感损失,有利于幸福感的提升。[①] 不同国家的经验研究支持了公共支出与居民幸福感的正向关

---

① Ng Yew-Kwang, "Happiness Studies: Ways to Improve Comparability and Some Public Policy Implications", *Economic Record*, Vol. 84, 2010.

系。在控制了经济发展水平、人均国民生产总值、社会资本等变量之后,无论是发达国家、东欧转型国家,还是发展中国家,公共支出水平依然对居民主观幸福感有显著的提升作用。①

另外,个人的效用函数中本身就包括私人物品和公共物品,增加公共物品的供给,如义务教育、医疗保险、社会保障、环境保护、国防建设等公共物品自然可以提高居民的主观幸福感。欧洲国家的失业保障制度能够有效地提升居民的主观幸福感,且这一提升具有长期效果。② 不同国家的医疗和健康支出、国防和安全支出、环境保护支出等都对居民的主观幸福感具有良好的影响。③

政府用于公共品的财政支出是一个很重要的公共政策的研究课题。合理有效地为国民提供公共品,比如健全社会保险、医疗保险和养老保险,投资基础设施建设等能有效增加国民的主观幸福感。以中国为例,从图1-7可以看出,从2007年至2018年,中国的财政支出逐年增加,2018年的财政支出是2007年的4.4倍。2018年,国家财政教育支出、国家财政社会保障和就业支出、国家财政城乡社区事务支出是财政支出占比中最大的三部分,分别为14.6%、12.2%和10.0%。而国家财政支出中用于环境保护的支出相对较少,只有2.9%。

总之,随着社会的发展和人们生活水平的不断提高,人们不仅追求物质生活水平的不断提升,而且希望拥有快乐幸福的生活。幸福是个体根据自己的标准对其生活质量评价满意时的愉快感觉。因此,一个人幸福与否,完全取决于自己主观上如何评价自己的生活,取决于自己的主观感觉。一个人感到越幸福,则他的福祉水平越高,一个社会中越多人感到幸福,则社会的总福祉水平越高。在

---

① Ram R., "Government Spending and Happiness of the Population: Additional Evidence from Large Cross–country Samples", *Public Choice*, Vol. 138, No. 3-4, 2009.

② Tella R. D., et al., "Preferences over Inflation and Unemployment: Evidence from Surveys of Happiness", *The American Economic Review*, Vol. 91, No. 1, 2000.

③ Wassmer R. W., et al., "Sub–national Fiscal Activity as a Determinant of Individual Happiness: Ideology Matters", *Journal of Happiness Studies*, Vol. 10, No. 5, 2009.

◇ 非传统全局均衡框架下的福祉分析

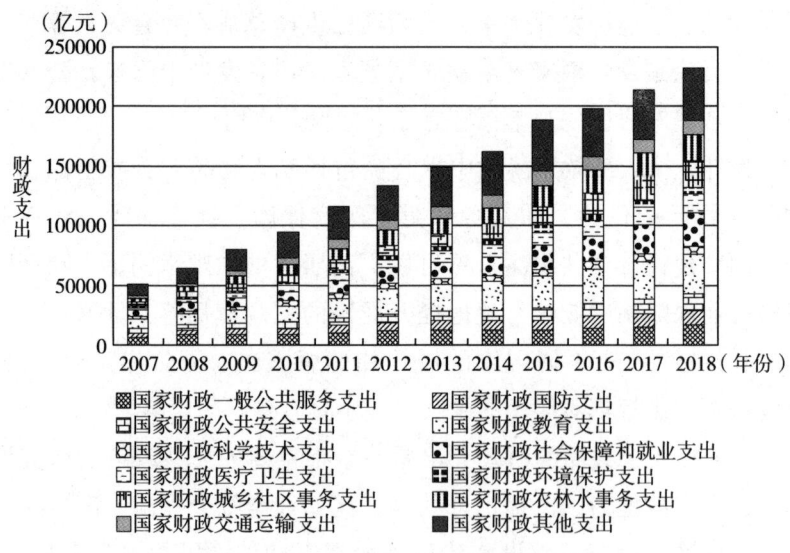

图 1-7　2007—2018 年中国财政支出情况

注：①从 2000 年起，财政支出中包括国内外债务付息支出。②与以往年份相比，2007 年财政收支科目实施了较大改革，特别是财政支出项目口径变化很大，与往年数据不可比。2007 年起财政支出采用新的分类指标。

本书中，我们认为幸福感水平和福祉水平的内在含义是一致的。逐渐活跃的幸福研究指出，主观幸福感的影响因素众多。研究表明，以上重点分析的三个因素（相对收入、环境质量和公共产品）确实会对个人福祉产生显著影响，且与政府的公共政策联系紧密。因此，在下文的理论模型分析中，我们以这三个因素为福祉分析的指标构建了一般性的福祉函数。幸福被大多数人认为是人生追求的终极目标，这也促使政策制定者将公共政策的重点转移到追求社会总福祉的最大化。因此，从理论层面对社会总福祉进行深入研究是相当重要的课题。

但是，公共政策对社会总福祉的作用机制相当复杂，这也使政策制定者追求社会总福祉最大化困难重重，比如，政府一方面希望通过征税收入为国民提供更多的公共品，增加社会总福祉，但征税又会对消费和生产产生消极作用，追求社会总福祉最大化的政府该如何抉择？政府采用货币政策能否影响实体经济，造成实际的扩张/紧缩，对社会总福祉的影响机制是怎样的？全球气候变暖威胁着人们的健康与生命，如何从社会总福祉的角度探讨经济结构从高碳结构转化为低碳结构的过程中社会总福祉的变动？如何选择更易于实施更易于社会总福祉增加的减排政策？碳减排和经济增长能否实现"双赢"？面对这些现实的热点问题，本书研究希望从理论层面，通过构建理论模型，并结合社会福祉函数，探讨公共政策（包括货币政策、财政政策、公共支出政策、减排政策等）对社会总福祉的影响机制，以期对政府追求社会总福祉最大化的终极目标提供相应的帮助。

二 主流经济学研究方法

经济学与经济社会休戚相关，甚至会影响经济政策的制定，其重要性毋庸置疑。当代西方经济学最主流的分析方法包括：微观和宏观研究法、均衡分析法、静态和动态研究法、实证研究和规范研究法、数理模型分析法、制度分析法、边际分析法等。在此，我们试图对当代西方经济学几个主流的研究方法进行简要的述评。

（一）微观研究方法和宏观研究方法

微观研究方法是一种局部均衡的分析方法，它主要以单个经济主体（消费者或厂商）的活动为研究对象，在假定其他条件不变的前提下来研究个体的经济行为和经济活动。其特点是把一些复杂的外在因素排除掉，从而突出个体经济主体运行的主要现状和特征。这种方法简单容易操作，且已有相当多实质的结论，可以将某一个体的局部特征研究得非常清楚。但其局限性也相当明显，主要表现为忽视了宏观经济问题对个量关系或个体经济行为的影响，并且采用这种方法是在假定其他条件不变的情况下，也就排除了一些外部经济因素对个体经济问题的影响。然而在实际的经济生活中，外部因素却常常是事物发展的重要条件，甚至是主要影响因素，也就造成了微观研究的结果往往与现实经济不相符合的情况。[①]

[①] 强天雷、任保平：《当代西方经济学主要研究方法述评》，《经济评论》2001年第3期。

宏观经济分析方法是以经济发展的总体或总量为着眼点，将制度因素及其变动的原因和后果，以及国民经济的个量都看成是不变的和已知的，在此前提下来研究宏观经济总量及其相互关系。该方法主要用于抓住经济运行的总体状况及其总体结构的基本状况，其研究结果对把握国民经济全局具有重要的作用。但该方法往往忽视了个量对总量的影响，存在一定的局限性。在主流的宏观经济理论中加入必要的微观基础，是近二三十年西方经济理论界为之努力的方向。

由于宏观和微观的关系并非简单的加总关系，总体经济行为并不是个体经济行为的简单加总，比如经济中个体增加储蓄并不意味着宏观的储蓄总量会增加，这是因为个体增加储蓄意味着消费的减少，经济总需求减少，可能导致失业率的增加，经济总产出减少，最终宏观的储蓄率不一定增加。也就是说，对于微观经济是正确的东西，对于宏观经济并不一定是正确的。对于经济现象的分析，我们常常需要从宏观和微观两个角度来观察和研究，而往往结果会有所不同。这种宏观分析与微观分析相互分离的状态，并不利于对经济社会现象的全面认识，也不利于政策的有效制定。

（二）全局均衡研究方法和局部均衡研究方法

均衡分析方法是研究各种经济变量如何趋于平衡，以及各种经济力量达到均衡所需要的条件和均衡实现稳定的条件。均衡分析方法通常有两种：局部均衡分析方法和全局均衡分析方法。

局部均衡的分析方法是将整个经济事件分成若干组成部分，集中研究某一部分。在假定其他市场条件不变的情况下，以单个消费者和生产者作为研究对象，孤立地考察单个市场或部分市场的供求与价格之间的关系或均衡状态，而不考虑它们之间的相互联系和影响。

全局均衡（一般误译为一般均衡）的分析方法是由瓦尔拉斯提出，该方法将整个经济事件的所有组成部分和他们之间相互的关系同时考虑，侧重于各种经济因素间的相互依存关系来分析整个经济体系的均衡。该方法假定一个社会任何一种商品（或生产要素）的需求和供应，不仅取决于该商品（或生产要素）的价格，而且取决于其他所有商品和生产要素的供求和价格。相比局部均衡的分析方法，全局均衡的分析方法更具有全面性。然而，全局均衡的存在需要众多强假设，比如要求市场是完全竞争市场；规模收益不变或递减；消费者偏好和企业的生产集曲线是严格凸形的；经济系统中的偏好、技术和资源保持不变等。而这些假设条件在实际的经济生活中往往是不存在的，其中完全竞争的假设甚至可以说是一个神话。因此，全局均衡的分析方法最主要的局限是缺乏现实基础和实践的应用价值。同时，全局均衡的分析方法求解困难，只能提供很少有实质意义的结论。

（三）静态分析方法和动态分析方法

以是否考虑经济变量在时间上的变化，经济学分析方法分为静态分析和动态分析。静态研究方法是静止地分析问题的方法，主要致力于说明什么是均衡状态和达到均衡状态需要的条件。当已知条件发生变化以后，均衡状态会由一种状态转化到另一种状态，对于前后两个均衡状态的比较，即为比较静态的研究方法。动态分析方法是通过引进时间的因素，分析经济事件的变化过程以及变化的原因。

（四）边际分析法

在主流经济学中，边际分析方法是最基本的分析方法之一。1824年，汤普逊（W. Thompson）首次将微分法运用于经济分析，研究政府的商品和劳务采购获得最大利益的条件。[①] 边际分析法是把追加的支出和追加的收入相比较，两者相等时为临界点，也就是投入的资金所得到的利益与输出损失相等时的点。边际分析法是数量分析、最优分析和现状分析。在主流经济学研究中，边际分析方法是非常重要的方法，可用于对资源配置做出最优决策。

---

① 汤普逊：《中世纪经济社会史：300—1300年》，商务印书馆1961—1963年版。

◇ 非传统全局均衡框架下的福祉分析

当今社会,我们面对的社会经济问题越来越复杂,采用主流的经济分析方法分析经济问题以帮助我们实现社会总福祉最大化的目标困难重重。首先,以上总结的主流经济学分析方法均有不同层面的不足和缺陷。传统的局部均衡分析忽略了研究主体之外的其他经济体的影响,对问题的分析比较片面。传统的全局均衡分析一般建立在一系列的假设条件下,其中包括在现实中极少存在的完全竞争假设,并且求解困难,对于外生冲击,很难通过全局均衡的理论分析得到较多实质性的结果。主流的经济学分析主要基于边际分析,是在给定的劳动力和专业分工水平基础上进行资源的最优配置,无法进一步分析劳动力和专业分工结构变动之后的网络效应,而现实中,劳动力和专业化分工结构是不断变动的。

再者,社会总福祉的影响因素较多,且影响因素之间存在相互作用。为了更好地探究公共政策对社会总福祉的影响机制,我们需要同时考虑多种类型的经济主体,将政策变量和经济变量构建于一个理论分析框架中进行分析。此时,传统的经济分析方法由于某些方面的缺陷,不能完全满足我们对社会总福祉分析的需求。比如,局部均衡的分析方法忽略了研究主体之外的其他经济体的影响,应用于社会总福祉分析时,会存在片面性的不足。如果采用传统的全局均衡分析方法进行社会总福祉的分析探讨,虽然能很好地将社会总福祉的各影响因素综合考虑,更具有全面性,但是这种分析方法也存在一定的不足,一般需要假设完全竞争,并且构建的模型复杂很难得到较多的实质性结果。

为了更好地应对愈加复杂的经济问题的分析需求,经济学也在不断地发展,不仅表现为研究内容的不断深化,与经济现实不断接近,研究的方法也在更多样化地创新发展。① 一些非传统的经济分析方法开始兴起。本书正是采用了两个非传统的全局均衡分析方法

---

① 洪涛、范瑛:《现代经济学分析方法及其发展趋势》,《北京工商大学学报》(社会科学版) 2008 年第 6 期。

（综观经济分析方法和超边际均衡分析方法）。这两种非传统全局均衡的分析方法在一定程度上弥补了主流的经济学分析框架的某些不足，更易于进行社会总福祉的分析。下一小节中，我们将具体介绍这两种前沿的非传统全局均衡分析方法的国内外研究现状。

第二节　相关非传统全局均衡分析方法的国内外研究现状

传统全局均衡分析方法是指把各种市场和价格的相互作用都考虑进去的分析，是在充分考虑所有经济变量之间关系的情况下，考察整个经济系统完全达到均衡状态时的状况，和达到均衡的条件。而非传统全局均衡分析方法的说法是针对传统全局均衡分析方法提出的，在分析中考虑了市场中经济变量之间的相互关系，超出了局部均衡的范畴，但却没有达到传统全局均衡分析方法的"充分考虑"的程度。黄有光提出的综观经济学分析方法和杨小凯提出的超边际均衡的分析方法均属于非传统全局均衡分析方法。

在本书中，我们将重点拓展和应用两种非传统全局均衡的分析方法（综观经济学分析方法和超边际均衡的分析方法），并在这两种非传统全局均衡的模型框架下进行社会总福祉分析。在下文中，我们将重点介绍综观经济学分析方法和超边际均衡的分析方法各自的特点，并总结这两种非传统全局均衡分析方法的已有研究成果。

一　综观经济分析方法

在主流的新古典综合派经济学中有两种公认的主流经济学范式：微观经济学的研究重点是个人消费者（买方）或者厂商（卖方）根据市场的价格信号安排生产、消费，分配自身的资源；宏观经济学的研究重点是研究整体经济的运行，包括对宏观经济变量如通货膨胀率、国内生产总值、失业率、总供给、总需求等的研究。1980年前后，一些经济学家开始质疑，是否有一些基本的方法和模式可以成为连接以上两个主流经济学范式的桥梁，称为综观经济学（Mesoeconomics）。

尽管相对于主流的微观经济学和宏观经济学，综观经济学这个术语还没有被广泛认识，但不可否认，综观经济学的思想是经济学发展的一个重要方向，是微观经济和宏观经济之间的一个层次，能在一定程度上补充和完善主流经济学的不足。Ng[1]和Mann[2]对综观经济学的思想进行了较详细的阐述。越来越多的经济学者开始接受并采用综观经济的视角来分析经济问题。[3][4][5] 然而，这其中有的研究并不是本书所重点讨论的综合微观—宏观的经济分析方法。在本书中，我们重点探讨和拓展的是黄有光教授于1980年前后提出的一种新的分析方法——综观经济学分析方法，该方法立足于非完全竞争，用综观经济的视角分析一些经济学问题。

综观经济分析方法的研究对象既不是单纯的消费者、厂商等微观个体，也不是单纯的宏观经济状态，而是将重点集中于这些微观和宏观力量在经济结构中所扮演的角色和产生的作用，采用一些合理的简化，将微观经济和宏观经济联系起来。在某种程度上，该方法避免了局部均衡的微观分析方法、局部均衡的宏观分析方法和全局均衡分析方法各自的不足，并且不必采用完全竞争这一不现实的假设。其既能解析传统经济学难以解析的重要现象，又能用来预测重要事件对经济的影响。

1980年前后，黄有光教授先后发表了多篇综观经济分析方法的

---

[1] Ng Yew - Kwang, *Mesoeconomics: A Micro - macro Analysis*, London: Harvester, 1986.
[2] Mann S., *Sectors Matter!: Exploring Mesoeconomics*, Berlin: Springer, 2011.
[3] Mamalakis, et al., "Poverty and Inequality in Latin America: Mesoeconomic Dimensions of Justice and Entitlements", *Journal of Interamerican Studies & World Affairs*, Vol. 38, No. 2 - 3, 1996.
[4] Dopfer K., et al., "Micro - meso - macro", *Journal of Evolutionary Economics*, Vol. 14, No. 3, 2004.
[5] Tittle D., "A Mesoeconomic Approach to Socioeconomics", *American Journal of Economics and Sociology*, Vol. 72, No. 3, 2013.

相关文章，奠定了综观经济分析方法的理论基础。①②③ 综观经济分析方法采用了典型厂商的简化假设，用典型厂商近似地代表整个经济体或者整个行业面对于外生冲击（总成本面、总需求面、预期等的变动）的反应。在综观经济分析中，对典型厂商进行局部微观分析的同时，考虑了宏观变量（总需求、总产出、平均价格）对厂商的影响。因此，尽管综观经济分析方法没有达到完全的 Arrow – Debreu 的全局均衡分析的程度，既涵盖了各经济体之间相互关系的分析，但也不仅仅是局部均衡（单独的微观或者宏观）的分析。

基本的综观经济分析方法可用于检验整个经济的总成本面、总需求面、价格预期等的变动对整体宏观经济的总产出水平和价格水平的影响。众所周知，通货膨胀和失业的问题是宏观经济研究的重点和根本问题。相对于单纯的宏观经济分析，采用综观经济分析更具有微观基础。

综观经济分析方法不仅可解释短期外生宏观冲击对总产出和平均价格水平的不同影响④，也可在短期综观经济基本模型基础上放宽厂商数量不变的假设条件，用于分析解释长期外生宏观冲击对总产出和平均价格水平的不同影响。

在基本（短期）综观经济分析法的基础上，国内外众多学者对综观经济分析法进行了多方面的拓展，并应用综观经济分析法分析各种微观与宏观的问题。下面列举出综观经济分析方法的主要研究成果。

（一）综观经济分析方法在产业分析中的应用

综观经济分析方法不仅可分析整个经济体的宏观反应，也同样

---

① Ng Yew – Kwang, "Aggregate Demand, Business Expectation, and Economic Recovery without Aggravating Inflation", *Australian Economic Papers*, Vol. 16, No. 28, 1977.

② Ng Yew – Kwang, "Macroeconomics with Non – Perfect Competition", *Economic Journal*, Vol. 90, No. 3593, 1980.

③ Ng Yew – Kwang, "A Micro – macroeconomic Analysis Based on a Representative Firm", *Economica*, Vol. 49, No. 194, 1982.

④ Ng Yew – Kwang, "A Micro – macroeconomic Analysis Based on a Representative Firm", *Economica*, Vol. 49, No. 194, 1982.

◇ 非传统全局均衡框架下的福祉分析

适用于对一个产业的分析。在基础的综观经济分析模型中加入某一产业的需求函数构建出产业的综观经济分析模型，可分析外生的成本、需求和价格预期变动时，整个产业的反应，特别是"小产业"（特指产业的价格和产出对典型厂商的成本没有明显的影响的产业）的反应。经济学中对于产业的研究主要集中于两个极端的产业结构（完全竞争结构和垄断结构），对于这两种极端产业结构中间情况的研究，存在很多困难。然而，采用综观经济的分析方法则可得到关于寡头垄断和垄断竞争（这两种与现实状态更接近的产业结构）更多、更准确的比较静态分析结果。通过综观经济产业分析模型，得到两个重要的结论：营业税率的增加可引起价格水平超比例的增加。也就是说，我们常常抱怨的"产品价格涨价的幅度比税率增加的幅度更大"的事实是有理论依据的；总需求的外生增加可促使平均价格水平的降低，同时增加垄断竞争的"小产业"的平均产量但不会影响完全竞争的"小产业"的产量。

（二）综观经济分析方法对经济周期的解释

Ng 通过综观经济分析模型证明在一定条件下，经济系统可能存在一系列的均衡，并从综观经济分析方法的角度简单地解读了经济周期的过程。[①] 在此基础上，Shi 首次构建了一个简单的综观经济动态模型，并探讨了不同冲击可能形成的不同类型的经济周期的特性。[②] Ng 等进一步证明，即使不能满足一系列均衡的条件，当总需求受到紧缩冲击后，如果考虑价格调整的成本、厂商间的异质性或宏观外部性等，仍旧可能促使经济陷入低的拟宏观均衡点，实质经济调整缓慢。[③]

[①] Ng Yew-Kwang, *Mesoeconomics: A Micro-macro Analysis*, London: Harvester, 1986, pp. 172-183.

[②] Shi He-ling, "Continuum of Equilibria and Business Cycles: A Dynamic Model of Mesoeconomics", *The American economic review*, Vol. 82, No. 2, 1992.

[③] Ng Yew Kwang, et al., "Multiple Equilibria and Interfirm Macro-Externality: An Analysis of Sluggish Real Adjustment", *Annals of Economics and Finance*, No. 5, 2004.

第一章 绪 论

（三）综观经济学对于金融重要性的解释

主流的经济学认为长期来看，货币供给量变动引起名义总需求变动只改变市场的价格水平而不会影响实体经济，即长期货币是中性的。然而，Ng（2009，2014）通过综观经济分析模型却证明，仅放宽不现实的完全竞争的假设限制（不需要假设时滞、价格刚性、菜单成本等），货币就可能出现非中性的情况，货币供给量变动引起名义总需求变动是否会影响实体经济（总产出、就业率等）取决于经济系统的特性。货币学派和凯恩斯学派的结论都是其特例。[1][2] 因此，相比主流经济分析方法，综观经济分析方法更能体现金融和金融机构的重要性。

（四）综观经济分析方法在宏观经济政策中的应用

综观经济分析方法还在政府的宏观经济政策研究中有一定的应用。在综观经济的基本模型中引入政府部门，可用于分析政府的宏观经济政策（包括货币政策和财政政策）的变动对整体宏观经济的影响，探讨如何制定宏观经济政策以实现经济的非通胀扩张。[3]

（五）综观经济分析方法在国际贸易领域的应用

Abayasiri - Silva 首次将综观经济分析的模型拓展至开放性市场，构建了一个开放经济的综观经济分析模型，用以分析总需求，成本和国外产品价格的外生变动对国内总产量，价格水平的影响。[4]

（六）综观经济基本模型拓展至两部门模型

Zhao 将综观经济分析的单部门模型拓展至两部门模型，通过理论模型探讨两部门之间需求的移动对两个部门的价格水平和产出水

---

[1] Ng Yew Kwang, "Why Is a Financial Crisis Important? The Significance of the Relaxation of the Assumption of Perfect Competition", *International Journal of Business and Economics*, Vol. 8, No. 2, 2009.

[2] Ng Yew Kwang, "Why Is Finance Important? Some Thoughts on Post - Crisis Economics", *The Singapore Economic Review*, Vol. 59, No. 5, 2014.

[3] Ng Yew - Kwang, *Mesoeconomics: A Micro - macro Analysis*, London: Harvester, 1986, pp. 150 - 161.

[4] K. Abayasiri - Silva, "Aggregate Supply Functions in Closed and Open Economies: A Mesoeconomic Analysis", *The American economic review*, Vol. 82, No. 2, 1992.

平的影响，并进一步应用两部门的综观经济分析模型分别探讨总需求从军工部门转移至民用部门时美国的成功经验与俄罗斯的失败经验。[1] Yin 则应用综观经济分析的两部门模型来分析中国国有企业向私有制转化过程中劳动力市场的相应变化，以及对整体经济的影响。[2]

由以上的文献综述可看出，在综观经济分析法的现有研究中，还没有将福祉分析引入综观经济分析理论体系的相关研究。众所周知，福利经济学作为经济学的一个重要分支，是许多应用经济学的基础。福利经济学的重要性是毋庸置疑的。因此，将福祉分析引入综观经济分析的框架中，是非常有意义的。本书的研究完成之后，不仅是对于已有的综观经济分析法的完善，更有益于找到提高社会总福祉的方法。这将有助于人们更好的认识世界，有很高的理论与应用价值。

二 超边际均衡分析方法

超边际分析方法（Inframarginal Analysis）是杨小凯教授提出的，他用此方法复活了亚当·斯密关于分工的重要思想，应用此方法探究劳动力分工的网络效应，以及不同模式的劳动力分工相关的经济学问题，是进行新兴古典经济学研究的一种重要分析方法。为了更好地理解超边际均衡分析方法，我们首先从古典经济学，新古典经济学和新兴古典经济学的不同点进行阐释。

以亚当·斯密（Adam Smith）为代表的传统的主流古典经济学派与新古典经济学派最主要的两个不同表现为：古典经济学派强调劳动分工的网络效应，同时也强调市场通过网络效应以减少稀缺性的作用（"看不见的手"）。19 世纪末，马歇尔（Alfred Marshall）将边际分析方法引进经济分析中，将社会分为纯消费者和厂商两部

---

[1] Zhao Y., "Effects of a Demand Shift in Macroeconomics: A Two-sector Mesoeconomic Analysis", *Taiwan Economic Review*, Vol. 27, No. 4, 1999.

[2] Yin Xiangkang, "A Two-Sector Macroeconomic Model of the Chinese Economy in Transition", *Working Papers*, 1997.

分，采用数学分析框架进行经济学分析，得到了很多重要的结论，新古典经济学成为经济学的主流学派。然而，马歇尔的边际分析却排除了角点解，只能分析内点解，因此不能用来研究个人在选择其职业类型和专业化水平时的决策问题，新古典主义忽略了经济学中相当重要的问题——劳动力分工和专业化，只能用于探讨在固定的专业化分工水平下资源的合理分配问题。

近年来，经济学者开始重新重视亚当·斯密（1776）关于专业化与劳动力分工在发展中的重要性，试图用线性规划或者非线性规划的方法将古典学派专业化与劳动力分工的思想体现出来，相关的研究包括：Rosen[①]和Becker[②]等。这种将总成本—收益分析和边际分析相结合的分析方式称为超边际分析方法（Inframarginal Analysis）。20世纪80年代以来，杨小凯等采用超边际分析方法，在对新古典经济学（Neoclassical Economics）进行扬弃的基础上，构建了新兴古典经济学（New Classical Economics）的架构。[③][④] 新兴古典经济学是在新古典经济学的分析框架上，去掉新古典经济学中消费者与生产者绝对分离的假定，从分工演化出发，用非线性规划和其他非古典数学规划方法，将被新古典经济学遗弃的古典经济学（Classical Economics）中关于分工和专业化的经济思想，内生于决策和均衡模型中，同时考虑分工的好处与分工产生的交易费用的两难冲突，以及新古典经济学原有的有限资源配置的两难冲突两个方面。

Young认为，劳动力分工包括三方面的含义：个人的专业化水

[①] Rosen S., "Substitution and Division of Labour", *World Scientific Book Chapters*, Vol. 45, No. 179, 1978.

[②] Becker Gary S., *A Treatise on the Family*, 1981.

[③] Yang Xiaokai and Borland Jeff, "A Microeconomic Mechanism For Economic Growth", *Journal of Political Economy*, Vol. 99, No. 3, 1999.

[④] Yang Xiaokai and Ng Yew Kwang, *Specialization and Economic Organization: A New Classical Microeconomic Framework*, Amsterdam: Elsevier, 1993.

平,迂回的生产链的长度和职业与商品的多样性数量。[1] Yang[2] 和 Yang 和 Wills[3] 通过将专业化的经济与交易成本的两难（Tradeoff）问题形式化表现,将个人的专业化水平内生于模型中。在此基础上,Yang 和 Shi 采用 CES 形式的效用函数,从经济系统的下游部门（消费部门）着手,将消费产品的种类数内生于超边际均衡模型中,可用于探讨职业多样性的情况。[4] Shi 和 Yang 进一步通过将 CES 形式的生产函数引进超边际均衡模型中,将生产产品的数量和经济系统的层次（如生产链的长度等）内生于模型中。[5] 超边际均衡分析方法经过以上学术研究的发展,将专业化水平、产品种类数、交易效率、企业的出现以及商品和要素层次的层次数内生化纳入分析框架。相比主流的边际分析（以边际效用和边际生产力为基础的分析方法）只能用来分析内点解,也就是给定分工和专业化水平时的资源配置问题,杨小凯所提出的超边际均衡分析框架不仅包括资源配置的决策,同时需要进行专业化与劳动力分工的决策,更具有一般性,是新兴古典经济学最重要的分析方法之一。

杨小凯所提倡的这种超边际均衡分析方法将经济学可解释的范围进一步扩大,可用于解决更多边际分析不利于解释的经济现象,比如可用于研究贸易、电子商务、全球化、商业周期、城市化、周期性失业等众多经济学问题。该方法显示出广阔的发展前景。诺贝尔经济学奖得主布坎南（Buchanan）将此方法称为当今最重要的经济学研究成果之一。

---

[1] Young A. A., "Increasing Returns and Economic Progress", *Economic Journal*, Vol. 38, No. 152, 1928.

[2] Yang Xiaokai, "Development, Structural Changes and Urbanization", *Journal of Development Economics*, Vol. 34, No. 1 - 2, 1990.

[3] Yang Xiaokai and Wills I., "A Model Formalizing the Theory of Property Rights", *Journal of Comparative Economics*, Vol. 14, No. 2, 1990.

[4] Yang Xiaokai and Shi He - Ling, "Specialization and Product Diversity", *American Economic Review*, Vol. 82, No. 2, 1992.

[5] Shi He - ling and Yang Xiaokai, "A New Theory of Industrialization", *Journal of Comparative Economics*, Vol. 20, No. 2, 1995.

第一章 绪论

超边际均衡的分析框架主要的应用方面包括：①国际贸易理论方面（相关文献包括 Yang[1]、Sachs 等[2]，Yang 和 Zhang[3] 等）；②发展经济学方面相关文献包括 Yang 和 Shi, Sachs 和 Yang[4]等；③经济增长方面相关文献包括 Yang and Borland[5]，Borland 和 Yang[6] 等；④政府公共政策方面相关研究包括 Ng 和 Ng[7]，Yang 和 Yeh[8]等；⑤公司理论方面相关文献包括 Yang 和 Ng[9]，Sachs 等[10]，Liu 和 Yang[11] 等；⑥绿色经济增长方面相关研究包括 Shi 和 Zhang[12]，王疏影、史鹤凌、黄有光[13]等；⑦超边际分析方法的实证研究相关研究

---

[1] Yang Xiaokai, "Endogenous vs Exogenous Comparative Advantage and Economies of Specialization vs Economies of Scale", *Journal of Economics*, Vol. 60, No. 1, 1994.

[2] Sachs Jeffrey, et al., "Globalization, Dual Economy, and Economic Development", *China Economic Review*, Vol. 11, No. 2, 2000.

[3] Yang Xiaokai and Zhang Dingsheng, "Economic Development, International Trade, and Income Distribution", *Journal of Economics*, Vol. 78, No. 2, 2003.

[4] Sachs J. D. and Yang Xiaokai, *Development Economics*, The United Kingdom: Blackwell Publishers, 2001.

[5] Yang Xiaokai and Borland J., "A Microeconomic Mechanism for Economic Growth", *Journal of Political Economy*, Vol. 99, No. 3, 1991.

[6] Borland J. and Yang Xiaokai, "Specialization, Product Development, Evolution of the Institution of the Firm, and Economic Growth", *Journal of Evolutionary Economics*, Vol. 5, No. 1, 1995.

[7] Ng Siang and Ng Yew Kwang, "Welfare – reducing Growth Despite Individual and Government Optimization", *Social Choice & Welfare*, Vol. 18, No. 3, 2001.

[8] Yang Xiaokai and Yeh Yeong – nan, "Endogenous Specialisation and Endogenous Principal – agent Relationship", *Australian Economic Papers*, Vol. 41, No. 1, 2002.

[9] Yang Xiaokai and Ng Yew Kwang, "Theory of the Firm and Structure of Residual Rights", *Journal of Economic Behavior & Organization*, Vol. 26, No. 1, 1995.

[10] Sachs J. D., et al., "Economic Reforms and Constitutional Transition", *Cid Working Papers*, Vol. 1, No. 2, 2000.

[11] Liu Pak Wai and Yang Xiaokai, "The Theory of Irrelevance of the Size of the Firm", *Journal of Economic Behavior & Organization*, Vol. 42, No. 2, 2000.

[12] Shi He – Ling and Zhang Y., *How Carbon Emission Mitigation Promotes Economic Development – A Theoretical Framework*, Melbourne: Department of Economics, Monash University, 2012.

[13] 王疏影、史鹤凌、黄有光:《碳减排与经济增长双赢的可行性分析》,《社会科学战线》2015 年第 3 期。

包括Yang等[①]，Murakami等[②]，Cheng和Yang[③]等。其中，采用超边际均衡的方法探讨绿色经济增长的问题是近两年才兴起的。超边际均衡的分析方法将劳动力和专业化分工内生于分析模型中，相比主流的边际分析方法，适用于的研究领域更广泛。当前，气候变暖问题已成为全球热点问题之一，相比传统的经济分析方法，采用超边际均衡分析方法进行绿色经济增长的研究，可从专业化分工的视角探讨碳减排和经济增长的问题。在此基础上进行社会总福祉分析具有重要的现实意义。

总之，黄有光提出的综观经济学分析方法和杨小凯提出的超边际均衡的分析方法是两种非传统全局均衡的经济学分析方法。这两种非传统全局均衡的分析方法在一定程度上弥补了主流的经济学分析框架的某些不足，相对于传统全局均衡分析方法，这两种分析方法更适合用于进行社会总福祉的探讨。综观经济学分析方法，打破了主流经济学微观经济分析和宏观经济分析完全分离的状态，在对典型厂商的局部均衡分析中考虑了宏观经济变量的影响。同时，该方法放宽了传统全局均衡分析的一些不符合实际的强假设，比如完全竞争的假设。相比传统全局均衡的方法，该方法更具有实际应用的意义。综观经济分析模型适用于分析货币政策和财政政策的变动对经济系统的影响，然而，将环境质量的因素内生于综观经济模型中进行社会总福祉分析却存在建模复杂的困难。近两年，杨小凯的超边际均衡分析方法开始被用于碳排放所引起的环境问题的研究。超边际均衡分析方法没有消费者和厂商的绝对分离，将产品的种类、厂商的数量和交易费用等纳入分析框架，同样不需要假设完全

[①] Yang Xiaokai, et al., "Economic Growth, Commercialization, and Institutional Changes in Rural China, 1979–1987", *China Economic Review*, Vol. 3, No. 1, 1992.

[②] Murakami N., et al., "Market Reform, Division of Labor, and Increasing Advantage of Small-Scale Enterprises: The Case of the Machine Tool Industry in China", *Journal of Comparative Economics*, Vol. 23, No. 3, 2004.

[③] Cheng W. and Yang Xiaokai, "Inframarginal Analysis of Division of Labor: A Survey", *Journal of Economic Behavior & Organization*, Vol. 55, No. 2, 2004.

竞争。相比传统全局均衡只能解决给定分工水平的资源分配问题，超边际均衡分析方法可进一步分析劳动力和专业分工的网络效应等问题，可以说是一个更全面的均衡分析。

在下文中，我们分别在综观经济学分析框架和超边际均衡分析框架下，引进个人福祉函数和社会福祉函数，通过理论模型进行社会总福祉分析，以探讨公共政策对社会总福祉的影响机制。

第三节 研究思路和全书结构

围绕本书所要探讨的研究课题，我们在此阐明文章的研究方法与建模思路。本书在两个非传统全局均衡模型（综观经济分析模型和超边际均衡分析模型）的框架下进行社会总福祉的分析，从理论的角度探讨公共政策对社会总福祉的影响机制，希望能提供一些更利于社会总福祉提高的政策建议。

一 研究思路

首先介绍了本书的现实和理论背景。从现实的背景——社会总福祉的影响因素出发，我们总结出影响社会总福祉的三个重要影响因素，并提炼出本书的主要议题——探讨公共政策对社会总福祉的影响机制。由于采用传统的经济分析方法进行社会总福祉分析存在一定的缺陷，我们采用了两种前沿的非传统全局均衡分析方法（综观经济学分析方法和超边际均衡分析方法）。这两种非传统全局均衡的经济研究方法在一定程度上弥补了传统分析方法的不足，更适合进行社会总福祉分析。

然后，我们构建了一个包括就业者、失业者、厂商和政府的复杂的综观经济分析模型，并在此模型框架下进行社会总福祉分析，探讨货币政策和税收政策对宏观经济变量与社会总福祉的影响机制。在此基础上，我们进一步将静态的综观经济模型动态化，并运用数值模拟的方法对理论模型进行说明。

最后，我们将超边际均衡分析模型应用于绿色经济增长的分析，构建了一个超边际均衡绿色经济增长模型，并在此理论框架下进行社会总福祉分析，探讨碳减排政策的有效实施对中国经济与社会总福祉的影响机制，并通过比较不同的减排政策，提出相应的政策建议。本书的研究思路如图1-8所示。

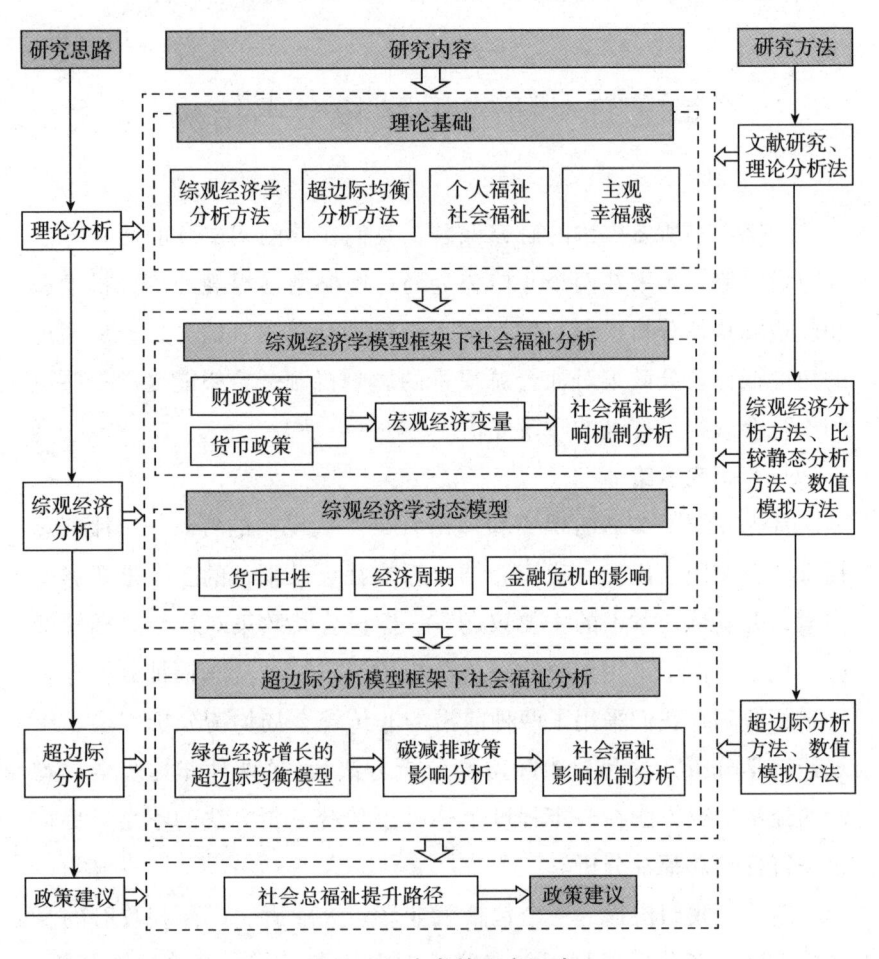

图1-8 本书的研究思路

二 本书结构

根据以上研究思路，本书共分为六章，具体结构安排如下。

第一章　绪论

第一章是引言，主要阐述了研究的现实与理论背景，以及研究的意义。首先，我们重点介绍了社会总福祉的影响因素。其次，在简单总结经济学中主流的分析方法的基础上，介绍了两种非传统全局均衡分析方法——综观经济学分析方法和超边际均衡分析方法在国内外的研究现状。最后，对本书的研究思路与主要内容进行了必要的说明，并概述本书的主要创新之处。

第二章是对综观经济分析方法和福祉分析函数的相关理论方法进行必要阐述，为本书之后研究做好方法论上的准备。首先，对本书重点拓展的非传统全局均衡的分析方法——综观经济分析的基本简化假设条件进行解释说明。其次，重点阐述综观经济分析基础模型的构建和求解方法，对基本模型求解结果进行简单讨论。最后，对个人效用与个人福祉的差异进行比较说明，并对本书所涉及的个人福祉函数和社会福祉函数进行详细介绍。

第三章是在综观经济分析模型的框架下进行社会总福祉分析。首先，我们构建了包括就业者、失业者、厂商、政府的更全面综观经济分析模型，并采用比较静态分析的方法求解模型。然后，根据理论模型的求解结果，分别探讨公共政策（货币政策和财政政策）对重要宏观经济变量（总产量、就业率、市场平均价格水平和市场平均工资水平）的影响机制。最后，在综观经济分析模型的基础上，进一步构建社会福祉函数，并进行比较静态分析，探究不同的公共政策（包括货币政策和财政政策）对社会总福祉的影响机制。

第四章是对综观经济学静态模型进行动态化拓展。首先，我们通过综观经济分析模型证明，仅放松了完全竞争这一非现实的假设，货币在短期和长期均可能是中性的，并结合国际金融危机对实体经济产生巨大影响的事实进一步验证。其次，我们进一步构建相关研究很少涉及的综观经济学动态模型，采用数值模拟的方式更直观的说明，外生冲击（如国际金融危机导致国内总需求减少）可能推动经济系统形成经济周期。

第五章是将超边际均衡分析方法应用于绿色经济增长领域，并探究减排政策对社会总福祉的影响机制。首先,我们采用超边际均衡分析的方法构建绿色经济增长的理论模型,并对结果进行讨论。其次,在绿色经济增长的超边际均衡模型框架下,进行社会总福祉分析。最后,采用数值模拟的方式探讨重点参数对减排政策实施效果的影响,并提出相应的政策建议。

第六章回顾了本书得到的主要结论与政策建议,并指出本书的尚待改进之处及未来研究方向。

第四节　本书主要创新点

本书通过在两个非传统全局均衡模型(综观经济学分析模型和超边际均衡分析模型)框架下进行社会总福祉分析,不仅拓展了这两个非传统全局均衡分析方法,同时在理论模型框架下加入社会总福祉分析的内容,将理论分析和政策制定的终极目的转向追求社会总福祉最大化,丰富了这两个非传统全局均衡理论模型的适用性。具有较大的理论创新价值和现实指导意义。本书的创新之处主要体现在以下几个方面:

第一,在研究方法方面,本书是两个非传统全局均衡分析方法(综观经济学分析方法和超边际均衡分析方法)的理论拓展与实际应用。传统经济学分析方法在某些方面存在缺陷,比如传统局部均衡分析忽略了研究主体之外的其他经济体的影响;传统全局均衡分析方法一般需要假设完全竞争,且建模困难很难得到较多实质性的结果;传统边际分析无法分析劳动力和分工结构变动的影响。本书所采用的两个非传统全局均衡理论模型,虽然目前在国内的相关研究较少,但从理论的发展角度看,这两个非传统全局均衡理论模型发展潜力巨大。综观经济学分析方法不必采用非现实的完全竞争的假设。该方法虽然未达到全局均衡分析的程度,但却远超过局部均衡的研究范畴。超边际分析方法将专业化与劳动力分工内生于模型中，打破了传统经济分析中生产者与消费者完全分离的状况，不仅可包括资源配置的决策（内点解），同时也包括专业化与劳动力分工的决策（角点解），可用于分析专业化与劳动力分工结构变动的问题。研究的范围更具有一般性。

第二，在理论贡献方面，本书首次在综观经济学的框架下将消费者分为就业者与失业者两个不同行为模式的族群进行分别讨论，构建了一个具有典型厂商、就业者、失业者和政府部门的综观经济学分析模型。同时，在此模型框架下进行社会总福祉分析，首次将福祉分析的内容纳入综观经济学理论体系。拓展之后的综观经济学理论模型可分析宏观公共政策（包括货币政策和财政货币政策）对整个社会中就业者和失业者福祉的不同影响，以及对整个社会总福祉的影响机制。

第三，大部分的综观经济学研究都是静态模型，没有在模型中考虑时间的因素，采用比较静态的分析方法进行研究。在综观经济学理论体系中，很少有研究者采用动态化的综观经济模型进行分析。本书通过综观经济分析方法证明，仅放松非现实的完全竞争假设，货币在短期和长期均可能是中性的。在此基础上，我们进一步通过构建综观经济学动态模型，探究外生冲击（如国际金融危机导致国内总需求减少）可能推动经济系统形成经济周期的过程，并采用数值模拟直观展现不同冲击形成的不同形式的经济周期。

第四，本书将超边际分析方法应用于绿色经济增长的研究，从一个新的视角探讨碳减排的问题。本书通过构建超边际绿色经济增长模型证明，政府实行强制性减排政策，可促使市场由高碳市场结构向低碳绿色市场结构的自觉转变，并探讨了经济结构向低碳市场结构转化过程中劳动力与专业化分工结构变动的网络效应。在此基础上，我们在超边际绿色经济增长模型的框架下进行社会总福祉分析，说明在一定条件下，减排政策的有效实施可促使社会总福祉增加，且在一定情况下，相对于单纯的碳税政策，本书建议的用碳税收入增加低碳市场交易效率的减排政策可能更易于社会总福祉的增加。就研究的课题而言，有效控制全球变暖减少温室气体排放是全球的热点与难点问题。就理论构建而言，在超边际均衡模型的框架下进行社会总福祉分析，能将经济结构变动之后的网络外部性体现出来，相比传统的边际分析，对碳减排政策实施的分析更全面。就政策建议而言，我们建议政府在制定相关碳减排政策时充分考虑劳动力和专业分工结构变动的影响。

第二章 综观经济分析方法与福祉函数简介

在本章中,我们对综观经济分析方法进行阐述,为后文中对综观经济分析基本模型的拓展做准备,并详细介绍后文社会福祉分析所需要的个人福祉函数、社会福祉函数。

本章的内容组织如下:第一节,对综观经济分析的基本简化假设条件进行解释说明;第二节,构建综观经济基本分析模型并求解;第三节基于综观经济分析模型的基本结果进行讨论;第四节,对个人效用与个人福祉的差异进行说明,并对本书所涉及使用的个人福祉函数和社会福祉函数进行介绍;第五节是本章内容的小结。

第一节 综观经济分析法的基本简化

综观经济分析法,是黄有光教授于1980年前后提出的一种新的分析方法。该分析方法结合了局部均衡的微观分析方法、宏观分析方法和全局均衡分析方法的要素,采用几个合理的简化假设,以微观层面的典型厂商为基础,同时考虑了宏观经济变量在典型厂商的总需求函数和总成本函数中的作用,用典型厂商对于宏观因素外生变动的反应近似的代表整体经济的反应。可用于分析总需求,总成本等的外生变动的对于整体宏观经济的影响。

理论模型是从复杂的现实世界通过简化,提取出最有利于分析特定问题的最重要的变量之间的相互关系与影响。对于总体经济问题的分析,有效的简化是必要的。综观经济分析法的基础是以下几个重要且合理的简化。

其中,最重要的简化假设是选取一个恰当的典型厂商来代表整个市场或者整个产业。综观经济分析法的核心思想是基于一个典型厂商,将宏观与微观巧妙结合,用宏观经济变量(总需求、总产量和平均价格水平等)对于典型厂商的总需求函数和总成本函数的影响间接地反应宏观因素对整个市场的影响,也就是用典型厂商来代表整个市场对宏观经济的外生变动的反应。

理论上最直接的方法就是假设一定数量的相同厂商,在不考虑厂商数量变化的情况下,任何厂商都是典型厂商。然而,我们所谓的相同厂商并不意味着要求厂商所生产的产品是同质产品,理想状态下,我们希望厂商拥有相同或对称的成本和需求函数。比如,在一个垄断竞争的行业中,每个厂商生产近似的产品,但拥有自己的品牌,消费者在选择时可能有各自不同的品牌偏好,则在此行业中每个厂商都是与除自身之外的所有厂商竞争,在此种情况下,任意的一个厂商都能作为典型厂商代表整个产业。当然,相同厂商的假设并不是必需的,即使不选用相同厂商的假设,我们也可以在恰当的定义典型厂商的情况下,用典型厂商近似地代表整个市场或整个产业。

Ng[①]在其书中的附录3I采用传统全局均衡的方法,系统地证明了综观经济分析法中典型厂商的简化假设在理论上是可行的:①对于任何一个外生变化(需求或者成本),存在一个能百分之百代表整个经济总产量与平均价格变化的典型厂商;②用一个简单的加权平

---

① Ng Yew-Kwang, *Mesoeconomics: A Micro-macro Analysis*, London: Harvester, 1986, pp. 207-218.

均法来定义的典型厂商,能近似地代表整个经济的总产量与平均价格水平对任何一个外生变化的反应。①

对于典型厂商的选取,我们借鉴了 Ng② 的分析。简单来说,如图 2-1 所示,对于拥有不同边际成本曲线（MCC）的厂商,初始的均衡点为 A 点,对应均衡产量为 q_0。当边际收益曲线（MRC）从 MR 移动至 MR' 之后,分别对应三种不同成本曲线（MC_1、MC_2、MC_3）,新的均衡点对应的产量分别为 q_1、q_2、q_3。那么,对于拥有三家不同厂商（对应于三种不同成本曲线 MC_1、MC_2、MC_3）的市场（如图 2-1 所示）,我们倾向于选取成本曲线为 MC_2 的厂商作为典型厂商。或者我们可以理解为,我们选取的典型厂商的边际成本曲线 MCC 是整个市场内各厂商边际成本曲线 MCC 的加权平均。

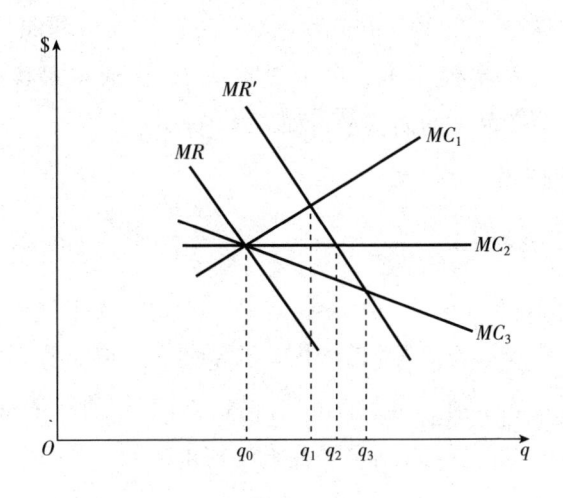

图 2-1 典型厂商选择的简要说明

当然,在使用典型厂商的假设时,我们也需要特别注意两点谬误。首先,典型厂商的假设需要避免共谋的情况。也就是说,所有

---

① Ng Yew - Kwang, *Mesoeconomics: A Micro - macro Analysis*, London: Harvester, 1986, p. 15.
② Ng Yew - Kwang, "A Micro - macroeconomic Analysis Based on a Representative Firm", *Economica*, Vol. 49, No. 194, 1982.

的厂商在面对外部环境变化时，是各自反应，并没有共谋的；第二，典型厂商的假设需要避免反向谬误，即一个厂商知道自己是典型厂商，那么它通过最大化其利润后所确定的价格，恰好等于市场的平均价格，但并不是说，典型厂商任意的定价，平均价格都要等于典型厂商的定价。总之，在综观经济分析法中采用的典型厂商假设并不要求模型中的所有厂商共谋之后如同一个厂商一样决策。尽管典型厂商的分析是一种简化，但相较于局部均衡分析的局限性和全局均衡分析的复杂难解以及强假设条件，对于一些问题，典型厂商的假设是较优的选择。

综观经济分析的第二个重要的假设是针对典型厂商的需求函数的简化。从全局均衡的角度出发，厂商的产量是模型中所有消费者对其需求的加总。在 N 个消费者，K 家生产厂商（每家厂商仅生产一种产品）的基本模型中，单个消费者 i，会通过最优化其效用，来决定每个消费品 k 的消费量，如下式所示：

$$\max u^i = u(x_1^i, \cdots, x_k^i, \cdots, x_K^i)$$

$$\text{s.t.} \sum_{k=1}^{K} p_k x_k^i = \alpha^i$$

$$i = 1, \cdots, N; \ k = 1, \cdots, K \tag{2-1}$$

式中，u^i 表示消费者 i 的效用；x_k^i 表示消费者 i 购买的消费品 k 的消费量；p_k 表示消费品 k 的市场价格；α^i 表示消费者 i 的总需求。求解此方程可得消费者 i 对消费品 k 的需求函数：

$$x_k^i = x_k^i(p_1, \cdots, p_k, \cdots, p_K, \alpha^i) \tag{2-2}$$

通过将所有消费者对消费品 k 的需求的加总，我们得到在全局均衡状态下厂商 k 的生产需求。在均衡状态下，厂商的产量等于其需求，则此时厂商的产量不仅受到市场中所有产品价格的影响，同时也受到所有消费者各自需求的影响。如果厂商 k 恰好是我们选择的典型厂商，则在均衡状态时，典型厂商的需求函数为：

$$q = q(p_1, \cdots, p_k, \cdots, p_K, \alpha^1, \cdots, \alpha^i, \cdots, \alpha^N) \tag{2-3}$$

为了模型便于求解，综观经济模型采用两个针对典型厂商需求的合理假设，①用整个市场的平均价格代替除了厂商自身价格之外的其他厂商的价格向量，以避免不同厂商之间相互作用的复杂性。因此，综观经济分析法不能用于分析厂商之间相对价格的影响。②将消费者需求向量 α^1，…，α^i，…，α^N 用名目总需求 $\alpha \equiv \sum_1^N \alpha_i$ 代替，即假设不考虑分配作用，只关注总需求的作用，这也是宏观经济分析常采用的假设条件。采用了此假设之后，综观经济理论模型中典型厂商的产量只受到商品本身的价格、整体市场的平均价格，名义总需求和厂商数量的影响。典型厂商的需求函数可以表示为：

$$q = F(p, P, \alpha, K) \tag{2-4}$$

式中，q 表示典型厂商的产量；p 表示典型厂商的价格；P 表示整个市场的平均价格；α 表示整个市场的总需求；K 表示整个市场中厂商的数目。

在综观经济分析法中，我们假设典型厂商足够小，对于宏观经济变量（如平均价格、总需求和总产量等）没有明显的影响。

为了模型求解方便，综观经济学模型做了以上几个合理的假设，其带来的好处相当明显：相较于传统局部均衡分析，综观经济分析将宏观变量的影响引进模型中，模型的使用范围更广；同时，分析宏观经济问题时，是以微观的厂商分析为基础的，又比传统的宏观经济分析更具有微观基础；最重要的是综观经济分析并未假设厂商是完全竞争的，该模型可用于分析不完全竞争的相关问题。

第二节　综观经济分析法的基本模型构建

综观经济分析法的基本模型构建是由 Ng（1982）首先提出的，并在其之后的论著进一步的修正完善。综观经济分析法的基本模型构建在 K 家厂商组成的市场环境下。

通过以上简化假设，我们证明存在典型厂商能近似地代表整个市场对于宏观变量外生变动的反应。均衡时，典型厂商的产品产量等于整个市场对该典型厂商产品的总需求，是厂商自身价格、整个市场的平均价格，名义总需求和厂商数量的函数[参照式(2-4)]。

因为需求函数是所有价格和预算的零次齐次函数，若名义总需求和所有的价格同比例变动，市场对典型厂商的需求不变。将式(2-4)中的各变量均除以 P，可得：

$$q = f\left(\frac{p}{P}, \frac{\alpha}{P}, K\right) \tag{2-5}$$

式中，q 表示典型厂商的产量；p 表示典型厂商的价格；P 表示整个市场的平均价格；α 表示整个市场的总需求；K 表示整个市场中厂商的数目。也就是说，对典型厂商产品的数量需求依赖于产品的相对价格，实际总需求和厂商的数量。

在宏观经济变量视为给定的情况下，典型厂商最大化其利润水平，表示为：

$$\max \pi = p f\left(\frac{p}{P}, \frac{\alpha}{P}, K\right) - C(q, P, Y, \varepsilon^c) \tag{2-6}$$

式中，C 是二阶可导的总成本函数；Y 表示整个市场的总产量；ε^c 是除去价格因素和总产量因素之外影响总成本的外生因素。在综观经济基本模型中，总成本函数采用一般函数形式。假定典型厂商足够小，不会对整体经济的平均价格和总产量等宏观经济变量产生影响，但反过来平均价格和总产量可通过生产要素市场影响典型厂商的总成本。市场平均价格 P 可通过原材料价格水平（如果在模型中存在中间品）和劳动者工资水平等生产要素价格对典型厂商的总成本产生直接影响。总产量 Y 则可能通过促使典型厂商对劳动力的需求改变而影响劳动力工资水平，进而间接影响典型厂商的总成本。式(2-6)最大化的一阶条件可表示为典型厂商的边际收益等于边际成本：

$$\mu = p\left[1 + \frac{1}{\eta\left(\frac{p}{P}, \frac{\alpha}{P}, K\right)}\right] = c(q, P, Y, \varepsilon^c) \tag{2-7}$$

式中，$\mu \equiv \partial pq/\partial q$ 表示边际收益；$c \equiv \partial C/\partial q$ 表示边际成本；$\eta \equiv (\partial q/\partial p) \, p/q$ 表示典型厂商的需求弹性。

根据上文中典型厂商的设定，在均衡状态时，以下等式成立：

$$P = p \tag{2-8}$$

$$\alpha/P \equiv A = Y = qK \tag{2-9}$$

式中，A 表示市场的实际总需求。根据典型厂商的假定，在均衡时，典型厂商通过最大化利润所确定的产品价格应该恰好等于整个市场的平均价格水平，否则该厂商就不是典型厂商。同时，在均衡时，整体市场的实际总需求应等于总产量。

整个市场的名义总需求 α 不仅是平均价格水平和总产量的函数，同时也会受到除了平均价格水平和总产量之外的其他因素的影响。我们采用一般函数形式表示名义总需求：

$$\alpha = \alpha(P, Y, \varepsilon^{\alpha}) \tag{2-10}$$

式中，ε^{α} 表示外生影响总需求（消费或投资等）的因素，比如货币供应量，财政政策，消费者信心等。同时，我们假设厂商的数目 K 除了通过影响总产量 Y 不会直接影响名义总需求 α。在综观经济模型中，总需求函数表示为一般函数的形式，凯恩斯学派和货币学派的总需求模型都是其中的特例。这也就意味着，综观经济学模型具有更广泛的适用性。

当模型构建完成之后，我们采用比较静态分析的方法来求解并分析此模型。比较静态分析（Comparative Static Analysis）是用于在已知条件发生变化后，对有关经济变量的一次变动（而不是连续变动）的前后状态进行比较，是两个均衡状态之间的比较。将式（2-7）全微分，并结合式（2-8）和式（2-9）的全微分，整理之后，等式两边分别除以边际收益 μ 和边际成本 c，可得：

$$(1 - \eta^{cP} - D)\frac{dP}{P} - (\eta^{cP} + \eta^{cY})\frac{dY}{Y} + D\frac{d\alpha}{\alpha} = \frac{d\bar{c}}{c} - (E + \eta^{cq})\frac{dK}{K} \tag{2-11}$$

式中，$\eta^{cP} \equiv (\partial c/\partial P) \, P/c$，$\eta^{cq} \equiv (\partial c/\partial q) \, q/c$，$\eta^{cY} \equiv (\partial c/\partial Y) \, Y/c$

分别表示为边际成本对平均价格水平 P，典型厂商产量 q 和市场总产量 Y 的弹性。$D \equiv \eta^{\mu A}_{|p,P,K|} = (\partial\mu/\partial A)A/\mu = -(p/\eta)(\partial\eta/\partial A)A/\eta$ 表示给定 p、P、K 的情况下，边际收益 μ 对实际总需求 $A = \alpha/P$ 的弹性。在给定价格水平和厂商数目的状况下，名义总需求 α 增加，实际总需求 A 随之增加，典型厂商的需求曲线相应右移。如果对于任意价格水平 p，典型厂商的需求曲线同比例水平移动，即需求弹性（η）不会随名义总需求的增加而改变，则 $D = 0$。$\mathrm{d}\bar{c} \equiv (\partial c/\partial\varepsilon^c)\varepsilon^c$ 表示边际成本曲线的外生变动。$E = \eta^{\mu K}_{|p,P,\alpha|} = -(\partial\eta/\partial K)(Kp/\eta^2)$ 表示给定 p、P、α 的情况下，边际收益 μ 对厂商数目 K 的弹性。E 可认为是非负的，因为厂商数目 K 的增加会通过增加竞争使需求弹性（$-\eta$）的绝对值增加。

将式（2-10）全微分并除以 α 之后，并结合式（2-9）的全微分（$\mathrm{d}\alpha/\alpha = \mathrm{d}P/P + \mathrm{d}Y/Y$），可得到：

$$(1-\eta^{\alpha P})\frac{\mathrm{d}P}{P} + (1-\eta^{\alpha Y})\frac{\mathrm{d}Y}{Y} = \frac{\mathrm{d}\bar{\alpha}}{\alpha} \qquad (2-12)$$

式中，$\eta^{\alpha P}$ 和 $\eta^{\alpha Y}$ 表示 P 和 Y 的变动对于名目总需求 α 的内生影响。为了避免模型出现无法收敛的状况，我们设定 $\eta^{\alpha P}$，$\eta^{\alpha Y} \in (-1, 1)$。$\mathrm{d}\bar{\alpha} \equiv (\partial\alpha/\partial\varepsilon^\alpha)\varepsilon^\alpha$ 表示整个市场名义总需求的外生变动。

联立方程式（2-11）和式（2-12）可得：

$$\begin{cases} \Delta\dfrac{\mathrm{d}P}{P} = (\eta^{cq} + \eta^{cY} - D)\dfrac{\mathrm{d}\bar{\alpha}}{\alpha} + (1-\eta^{\alpha Y})\dfrac{\mathrm{d}\bar{c}}{c} - (1-\eta^{\alpha Y})(E+\eta^{cq})\dfrac{\mathrm{d}K}{K} \\ \Delta\dfrac{\mathrm{d}Y}{Y} = (1-\eta^{cP})\dfrac{\mathrm{d}\bar{\alpha}}{\alpha} - (1-\eta^{\alpha P})\dfrac{\mathrm{d}\bar{c}}{c} + (1-\eta^{\alpha P})(E+\eta^{cq})\dfrac{\mathrm{d}K}{K} \end{cases}$$

$$(2-13)$$

式中，$\Delta = (1-\eta^{\alpha Y})(1-\eta^{cP}) + (1-\eta^{\alpha P})(\eta^{cq} + \eta^{cY} - D)$，考虑到模型的稳定性，我们设定 Δ 为非负的；$\eta^{ab} \equiv (\partial a/\partial b)/b/\alpha$ 表示变量 b 的百分比变动可促使变量 a 百分比变动的值，η^{cq} 表示典型厂商产量 q 变动时对应的边际成本 c 的变动，即边际成本曲线（MCC）的斜率；η^{cP} 和 η^{cY} 表示整体市场的平均价格水平 P 和总产量 Y 变动促使边际成本曲线的百分比移动；$\eta^{\alpha P}$ 和 $\eta^{\alpha Y}$ 表示平均价格水平 P 和总

产量 Y 变动促使总需求曲线的百分比移动。D 表示给定价格水平，实际总需求的百分比变动通过影响典型厂商需求曲线的弹性，促使典型厂商的边际收益的改变。E 表示给定价格水平和总需求的情况下，厂商数目增加通过促使典型厂商的需曲线弹性变动促使典型厂商边际收益的变化。

式（2-13）是综观经济分析模型最基本的比较静态分析结果。在综观经济分析法的基础模型中，我们假定厂商数量不会发生改变，式（2-13）显示了整个市场的平均价格水平 P 和总产量 Y 的变动不仅受到总需求和边际成本的外生变动的影响，同时受到内生变量（包括典型厂商成本曲线的斜率；平均价格水平 P 和总产量 Y 促使边际成本曲线的百分比移动；平均价格水平 P 和总产量 Y 促使名义总需求的百分比变动；实际总需求促使典型厂商需求曲线斜率的变动等因素）的影响。在此基础上，我们可分析整体经济需求面或成本面的外生变动对主要宏观经济变量（平均价格水平和总产量等）的影响。在基本模型的基础上，本书第四章对厂商数量 K 发生改变对主要宏观经济变量的影响进行了进一步的分析和讨论。

第三节 综观经济分析基本结果讨论

一 总成本外生变动的综观经济分析

本章重点研究供给冲击对于整体宏观经济的影响。供给冲击是指可能引起生产能力和成本变化的事件，例如，进口原材料价格的变动（如进口石油的价格改变）；对大量农作物产生破坏的霜冻、洪水和干旱等自然灾害；与整体价格水平和产量变动无关的工资率的变化（如由于政策强制性地促使工资水平改变）；技术的变革与进步（如数字化技术的使用）等。我们首先通过综观经济的基本模型探究总成本的外生冲击对宏观经济（尤其是总产量和平均价格水平）的影响机制，并简单解释国际原油危机的影响。

◇ 非传统全局均衡框架下的福祉分析

在综观经济分析的基本模型结果的基础上，为了分离出成本外生变动的单独作用效果，我们假定 $d\bar{c}>0$，$d\bar{\alpha}=0$，$dK=0$，则由式（2-13）可得：

$$\eta^{P\bar{c}} = \frac{(1-\eta^{\alpha Y})}{(1-\eta^{\alpha Y})(1-\eta^{cP})+(1-\eta^{\alpha P})(\eta^{cq}+\eta^{cY}-D)} \quad (2-14)$$

$$\eta^{Y\bar{c}} = -\frac{(1-\eta^{\alpha P})}{(1-\eta^{\alpha Y})(1-\eta^{cP})+(1-\eta^{\alpha P})(\eta^{cq}+\eta^{cY}-D)} \quad (2-15)$$

式中，$\eta^{P\bar{c}}$ 和 $\eta^{Y\bar{c}}$ 分别表示成本的外生变动对平均价格水平和总产量的百分比影响。η^{cq} 表示典型厂商边际成本曲线的斜率，η^{cP} 和 η^{cY} 分别表示是边际成本对平均价格水平 P 和市场总产量 Y 的弹性。$\eta^{\alpha P}$ 和 $\eta^{\alpha Y}$ 表示平均价格水平 P 和市场总产量 Y 变动对名目总需求 α 的内生影响。我们设定 $\eta^{\alpha P}$，$\eta^{\alpha Y} \in (0,1)$。$D \equiv \eta^{\mu_A}_{|p,P,K|}$ 表示给定 p、P、K 的情况下，实际总需求 A 的增加，通过改变典型厂商需求曲线弹性而对边际收益 μ 的百分比影响。如果针对任意价格 p，需求曲线同比例水平移动，即需求弹性不会随名义总需求的增加而改变，则 $D=0$。为了研究的简化，我们假定 $D=0$。

以下我们通过三个层面探讨总成本的外生变动对平均价格水平和总产量的影响：①初始效应（忽略平均价格和总产量对边际成本 c 和总需求 α 的次级影响，即 $\eta^{cP}=\eta^{cY}=\eta^{\alpha P}=\eta^{\alpha Y}=0$）；②次级成本效应（通过平均价格和总产量促使边际成本曲线产生内生移动，即 $\eta^{cP} \neq 0$，$\eta^{cY} \neq 0$）；③次级需求效应（通过平均价格和总产量对总需求产生内生影响，即 $\eta^{\alpha P} \neq 0$，$\eta^{\alpha Y} \neq 0$）。

（一）外生成本冲击的初始效应

首先，我们在假定 $D=0$ 的情况下，探讨总成本的外生变动对平均价格与总产量的初始效应（$\eta^{cP}=\eta^{cY}=\eta^{\alpha P}=\eta^{\alpha Y}=0$）。在此情况下，我们可以得到：

$$\eta^{P\bar{c}}(\text{Primaray}) = \frac{1}{1+\eta^{cq}} \quad (2-16)$$

$$\eta^{Y\bar{c}}(\text{Primaray}) = \frac{1}{1+\eta^{cq}} \quad (2-17)$$

— 48 —

式中，η^{cq} 表示边际成本的需求弹性，也表示边际成本曲线 MCC 的斜率。$\eta^{cq}>0 | =0 | <0$ 分别对应于边际成本曲线 MCC 向上倾斜｜水平｜向下倾斜三种情况。从式（2-16）和式（2-17）可以看出，边际成本的外生增加会提高平均价格，同时减少总产量。而当 η^{cq} 分别大于零/等于零/小于零时，$\eta^{\bar{P}c}$（Primaray）和 $\eta^{\bar{Y}c}$（Primaray）的绝对值对应地小于1/等于1/大于1，表明当边际成本曲线向上倾斜/水平/向下倾斜时，边际成本的外生变动对平均价格水平和总产量的影响是小于/等于/超过边际成本的外生变动的比例。然而，对整体经济而言 $\eta^{cq}<1$ 的情况是较少出现的，因为 $\eta^{cq}<1$ 意味着边际成本曲线 MCC 充分向下倾斜，很容易造成经济系统无法收敛至均衡。我们在此着重讨论的是稳定的经济系统。

我们通过图2-2简单地说明边际成本的外生变动对平均价格水平和总产量的初始效应。我们以进口石油的价格增加为例来说明供给冲击促使成本的外生增加，对宏观经济变量的影响。众所周知，石油是很多企业的重要生产要素，而中国是石油净进口国，因而国际油价的增长会引起许多企业的成本变动。如果国际油价上涨10%，一般情况下国际油价在典型厂商成本中所占的比例是相当低的，则通过市场价格传导机制，国际油价上涨10%可能只促使典型厂商的边际成本上涨0.2%。我们假定典型厂商的边际成本曲线是水平的，如图2-2所示，国际油价的上涨促使典型厂商的边际成本从 MC 上升至 MC'。如果暂时不考虑市场价格水平对典型厂商需求曲线的影响，面对增加的边际成本，典型厂商选择生产的均衡点由 A 点转移到 B 点，此时典型厂商的价格 p 上涨。然而，由于典型厂商设定的特殊性，成本的外生增加促使典型厂商价格的增加，不仅限定于一个典型厂商，而且会作用于市场内的所有厂商，影响整个经济，从而促使整个市场的平均价格水平 P 增加，进而使典型厂商的需求曲线上移（此时我们只考虑初始效应，而不包括次级效应）。需求曲线的上移会使典型厂商的价格水平 p 和整个市场的平均价格水平 P 进一步增加。如此反复作用，最终典型厂商达到均衡点 E。

◇ 非传统全局均衡框架下的福祉分析

从均衡点 A 到均衡点 E，典型厂商的价格水平 p 上涨 0.2%，典型厂商的产量 q 减少 0.2%。由于典型厂商对市场的代表性，均衡时，整体市场的平均价格水平 P 也将上涨 0.2%。如果典型厂商的边际成本曲线向上倾斜/向下倾斜，即 η^{cq} 大于零/小于零时，达到新的均衡点时，典型厂商的价格水平 p 上涨和产量 q 减少的百分比会小于/大于成本外生变动的百分比。

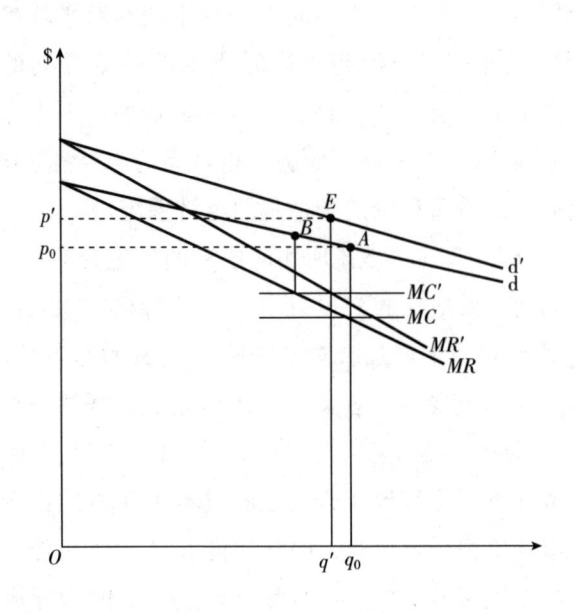

图 2-2 成本外生变动的综观经济分析

资料来源：Ng Y-K., *Mesoeconomics: A Micro-macro Analysis*, London: Harvester, 1986。

（二）外生成本冲击的次级效应

在初始状态下，边际成本的外生增加使市场平均价格水平 P 与总产量 Y 产生相应变动。在初始效应分析的基础上，以下我们分别讨论次级成本效应和次级需求效应，也就是变化之后的整个市场平均价格水平 P 与总产量 Y 内生影响典型厂商的边际成本 c 与市场总需求 α，进而会进一步影响整个市场平均价格水平 P 与总产量 Y。

第二章
综观经济分析方法与福祉函数简介

通过分别比较式(2-14)和式(2-16),我们发现,当$(1-\eta^{\alpha Y})\eta^{cP}-(1-\eta^{\alpha P})\eta^{cY}+\eta^{cq}(\eta^{\alpha P}-\eta^{\alpha Y})$大于零/小于零时,次级效应对边际成本的外生增加促使市场平均价格水平P提高的初始效应是增强/减弱作用。而通过分别比较式(2-15)与式(2-17),我们又发现,当$(1-\eta^{\alpha Y})\eta^{cP}-(1-\eta^{\alpha P})\eta^{cY}-(\eta^{\alpha P}-\eta^{\alpha Y})$大于零/小于零时,次级效应对边际成本的外生增长促使总产量Y减少的初始效应是增强/减弱作用。

我们进一步发现,$(1-\eta^{\alpha Y})\eta^{cP}+(1-\eta^{\alpha P})(-\eta^{cY})$大于零意味着经过一定权重($\eta^{\alpha Y}$, $\eta^{\alpha P}$)调整之后,初始效应使价格水平提高和总产量减少,对典型厂商的边际成本产生正向内生性影响,使边际成本曲线进一步上升,进一步增强初始效应。$(\eta^{\alpha P}-\eta^{\alpha Y})$大于零意味着初始效应促使平均价格水平和总产量变动之后会对总需求产生正向内生性影响。总需求的内生增加对总产量减少的初始效应产生减弱作用,对于价格水平增加的初始效应则需要根据η^{cq}的大小具体分析,$\eta^{cq}>0 \mid \eta^{cq}=0 \mid \eta^{cq}<0$分别对应对平均价格水平增加的初始效应产生增强/不变/减弱的作用。

在以上理论分析的基础上,我们进一步探讨式(2-14)至式(2-17)中涉及的各变量在现实中的可能取值范围。次级成本效应由η^{cP}和η^{cY}体现,η^{cP}和η^{cY}表示P和Y的变动对边际成本曲线的内生移动程度。整个市场平均价格水平P增加,会使生产投入的价格水平增加,进而增加典型厂商的成本,使边际成本曲线上移。当不存在时滞,货币幻觉,并且整体价格水平能快速地反应于企业成本时,η^{cP}可能非常接近或等于1。而我们可认为η^{cY}为非负的,因为一般情况下总产量Y的增加会促使边际成本的增加。如果市场处于完全就业状态,即劳动力供给完全非弹性时,并且没有其他可替代的生产要素时,甚至可能出现$\eta^{cY}=\infty$的极端情况,此时边际成本的外生变动不会影响总产量和平均价格水平。然而,现实状况下,这种极端情况是极少发生的。一般来说,只要劳动力市场的劳动供给充足,η^{cY}的值是很小的,甚至趋近于零。当总产量Y增加时,只要市场中存在一定程度的劳动供给余量，典型厂商就可能通过不变的工资水平从劳动力市场雇用工人以提高产量。反之，产量降低致使失业人口增加时，工会组织会坚持工资水平不降低，并且由于就业合同的存在，劳动力的工资水平具有一定的刚性。因此，现实中总产量对于典型厂商边际成本的影响很小。次级需求效应则通过 $\eta^{\alpha P}$ 和 $\eta^{\alpha Y}$ 体现，$\eta^{\alpha P}$ 和 $\eta^{\alpha Y}$ 表示 P 和 Y 变动对总需求的内生影响程度，从上文的分析中，我们提出合理的假设 $\eta^{\alpha P}, \eta^{\alpha Y} \in (-1, 1)$，$1 - \eta^{\alpha P} > 0$ 和 $1 - \eta^{\alpha Y} > 0$ 总成立。

通过以上分析我们知道，如果满足条件：$\eta^{\alpha P}$ 和 $\eta^{\alpha Y}$ 确定；价格水平的变动能快速且有效地反映于边际成本，$1 - \eta^{cP}$ 非常小；工资水平的刚性普遍存在，η^{cY} 非常小；非向上倾斜的边际成本曲线广泛存在，η^{cq} 非常小，甚至等于零或为负数，典型厂商的边际成本外生性的增加，会使市场平均价格水平 P 增加而总产量 Y 减小（初始效应），而 P 和 Y 变动之后，又会进一步使典型厂商的边际成本曲线和需求曲线内生性移动，次级效应表现为对初始效应的增强效果。总之，典型厂商的边际成本较小的增加可能导致整个市场平均价格水平 P 与总产量 Y 产生很大的改变，价格水平和总产量的变动比例超过外生成本增加的比例。

二 总需求外生变动的综观经济分析

在本小节，我们通过深入分析综观经济学的基础模型，探讨总需求的外生变动对宏观经济的影响，并证明，在没有时滞、没有货币幻觉（如劳动力供给是受到实际工资水平影响，而不是名义工资水平影响）的假设条件下，如果没有完全竞争的假设，就可能造成货币非中性的结果。

总需求的外生变动包括政府的货币政策（包括控制货币供给和调控利率等各项措施）、政府的财政政策（指政府通过调控税收和支出以影响总需求的政策，变动税收是指改变税率和税率结构，变动政府支出指改变政府对商品与劳务的购买支出以及转移支付），以及其他可能影响总需求的因素（如国际金融危机）等。

为了分离出总需求的外生变动的单独作用效果，我们假定 $d\bar{a} > 0$，$d\bar{c} = 0$，$dK = 0$，则由式（2-13）可得：

$$\eta^{P\bar{\alpha}} = \frac{\eta^{cq} + \eta^{cY} - D}{(1 - \eta^{\alpha Y})(1 - \eta^{cP}) + (1 - \eta^{\alpha P})(\eta^{cq} + \eta^{cY} - D)} \quad (2-18)$$

$$\eta^{Y\bar{\alpha}} = \frac{1 - \eta^{cP}}{(1 - \eta^{\alpha Y})(1 - \eta^{cP}) + (1 - \eta^{\alpha P})(\eta^{cq} + \eta^{cY} - D)} \quad (2-19)$$

式中，$\eta^{P\bar{\alpha}}$ 和 $\eta^{Y\bar{\alpha}}$ 分别表示总需求的外生变动对平均价格水平和总产量的百分比影响。η^{cq} 表示典型厂商边际成本曲线的斜率，η^{cP} 和 η^{cY} 分别表示是边际成本对平均价格水平 P 和市场总产量 Y 的弹性，也表示平均价格水平和市场总产量变动使边际成本曲线的移动。$\eta^{\alpha P}$ 和 $\eta^{\alpha Y}$ 表示平均价格水平 P 和市场总产量 Y 变动对于名目总需求 α 的内生影响，也就是对于需求曲线的移动。$D \equiv \eta^{\mu A}_{1|p,P,K}$ 表示给定 p、P、K 的情况下，实际总需求 $A = (\alpha/\hat{P})$ 的增加通过改变典型厂商需求曲线弹性对边际收益 μ 的百分比影响。

从式（2-18）和式（2-19）可以看出，总需求的外生增加是否会促使平均价格水平或市场总产量增加主要取决于 $\eta^{cq} + \eta^{cY} - D$ 和 $1 - \eta^{cP}$ 的值。具体作用效果的大小还会受到总需求的内生变动（$\eta^{\alpha P}$ 和 $\eta^{\alpha Y}$）的影响。根据 $\eta^{cq} + \eta^{cY} - D$ 和 $1 - \eta^{cP}$ 的不同取值范围，总需求的外生增加对于宏观经济变量的影响可分为四种情况讨论：①情况 1（$1 - \eta^{cP} = 0$，$\eta^{cq} + \eta^{cY} - D > 0$）：总需求的外生增加仅带来市场平均价格水平的增加，而不会影响市场总产量；②情况 2（$1 - \eta^{cP} > 0$，$\eta^{cq} + \eta^{cY} - D = 0$）：总需求的外生增加只会促使市场总产量的增加，而不会影响市场平均价格水平；③情况 3（$1 - \eta^{cP} > 0$，$\eta^{cq} + \eta^{cY} - D > 0$）：总需求的外生增加会使得市场平均价格水平和总产量同时增加；④情况 4（$1 - \eta^{cP} = 0$，$\eta^{cq} + \eta^{cY} - D = 0$），此种情况总需求的外生增加对于宏观经济变量的影响是不确定的。

总之，总需求的外生增加是否会促使平均价格水平或者市场总产量增加，是由市场的特性决定的。总需求的外生增加既可能会造成实际经济扩张，也可能不造成实际经济扩张，只改变价格水平。

第四节　个人效用、个人福祉和社会总福祉

当代主流的福利经济学家用效用代表个人的偏好,其研究的重点是个人效用。然而,Ng 却认为,如果福利经济学仅停留在分析偏好的层面上,而没有深入个人和社会追求的终极目标福祉的研究层面,则福利经济学是不完整的。①

那么,什么是个人的福祉?个人福祉(Individual Welfare)可以被看作个人纯粹的快乐,这种快乐包括声色(Sensual)的享受或者痛苦以及精神上的愉悦和折磨。尽管,我们一般认为"快乐"是瞬时的感觉,而"福祉"是长期的主观幸福感,但在给定一定时期内,这两者之间是没有区别的。

现代经济学家一般采用效用代表个人的偏好。一般情况下,个人福祉可以用个人效用来表示,因为我们认为如果个人追求的目标是将自己的福祉最大化,那么他自己就是福祉的最好判断者。因此,如果某人偏好 A 胜于 B,一般意味着他认为 A 比 B 能给他带来更多的快乐。然而,Ng 却指出并不是在任何情况下,个人效用都可以代表个人福祉,比如以下三种情况个人效用可能不等同个人福祉。第一种情况是人可能存在非情感的利他(Non-affective Altruism),如某人偏好 A 胜于 B,可能是因为他的偏好或者效用不仅仅受到他自己福祉的影响,而且还受到其他人福祉的影响。然而这里他人福祉的影响不包括温情效应(Warm-glow),即他人福祉增加促使某人自身福祉增加的效应,比如做慈善。第二种情况是个人效用和个人福祉不一致的原因可能是因为其不完全的预见(Imperfect Foresight)。某人可能在事前(Ex-ante)偏好 A 胜于 B,但事后

---

① Ng Yew-Kwang, "From Preference to Happiness: Towards a More Complete Welfare Economics", *Social Choice and Welfare*, Vol. 20, No. 2, 2003.

(Ex-post) 福祉结果却正相反。个人效用与个人福祉可能出现不一致的第三种情况是，个人可能具有非理性的偏好。① 在本书中，我们采用个人福祉的概念进行理论分析，并且不考虑个人福祉和个人效用不一致的情况。

个人福祉函数是将个人的福祉水平表示为其主要影响因素的一般性函数。个人的福祉受到多种因素的影响，比如个人消费、个人休闲、相对收入、环境质量、公共品供给等。由本书第一章对幸福感影响因素的分析，我们总结了三个影响幸福感的重要因素。根据 Ng 个人福祉函数的设定②，在本书中，我们假定个人福祉主要受个人消费、公共品消费和环境质量三个方面的影响，个人的福祉函数可表示为：

$$W = W(c, \varphi, E) \tag{2-20}$$

式中，W 表示个人的福祉；c 表示个人实际消费；φ 表示政府提供的公共品的数量；E 表示环境质量。我们假设，个人的福祉函数是个人实际消费量，公共品消费和环境质量的增函数，且个人实际消费量是个人相对收入水平的函数。

社会总福祉是相关社会范围的个人福祉的状态。社会福利函数（Social Welfare Function）试图指出社会所追求的目标应该是什么，社会目标应该考虑哪些因素。社会是追求某些人的福祉，还是所有人福祉？当人们之间的利益相冲突时，应该如何处理？现代对社会福利函数的讨论最初是由伯格森——萨缪尔森提出的，该福利函数认为，社会总福祉 W（用序数表示）取决于被认为影响社会总福祉的所有可能的实值变量 z_i，表示为一般性的函数形式 $W = W(z_1, z_2, \cdots,)$。在此基础上，肯尼斯·阿罗（Kenneth Arrow）提出著名的阿罗不可能定理。而阿玛蒂亚·森等认为之所以阿罗不可能定理

---

① Ng Yew-Kwang, "Utility, Informed Preference, or Happiness: Following Harsanyi's Argument to its Logical Conclusion", *Social Choice & Welfare*, Vol. 16, No. 2, 1999.

② Ng Yew-Kwang, "From Preference to Happiness: Towards a More Complete Welfare Economics", *Social Choice and Welfare*, Vol. 20, No. 2, 2003.

存在，是因为阿罗的社会福祉函数无法揭示出有关人际间效用比较的信息，他建议使用基数效用以获得人际间比较的信息。之后，许多使用基数效用的社会福祉函数出现：包括传统效用主义社会福祉函数、"完全效用主义"社会福祉函数、新古典效用主义社会福祉函数、精英社会福祉函数和伯努里 - 纳什社会福祉函数等多种形式的社会福祉函数。①

Ng 定义普遍的效用主义（General utilitarianism）或者称为福利主义（Welfarism）是指判定一个事物或动作（如一项政策，一个规则，另一个变动等）在道德上是正确的还是错误的，是好的还是不好的，最根本的依据是其对个人效用的作用影响②，可表示为：

$$W = W(u_1, u_2, \cdots, u_n) \qquad (2-21)$$

其中，u_i ($i = 1, 2, \cdots, n$) 表示社会成员 i 的效用。

由于存在非完全的预期，关心他人的福祉，非理性等原因致使个人的福祉和个人的效用不一定相同。当个人的福祉和个人的效用不同时，则社会福祉函数应该考虑的是个人的福祉而不是代表偏好的个人效用。则福利主义（Welfare Welfarism）的社会福祉函数可表示为：

$$W = W(w_1, w_2, \cdots, w_n) \qquad (2-22)$$

其中，w_i ($i = 1, 2, \cdots, n$) 表示社会成员 i 的个人福祉。

在一定的条件下，一般性的社会福祉函数可表示为特殊的社会福祉函数，即社会成员的个人福祉的无权加总和。也就是说，把社会总福祉看作所有社会成员的福祉简单加总，任何社会成员的福祉都被平等对待。Harsanyi 证明，如果个人和社会偏好满足 Marschak 假定的预期效用最大化的公理，并且个人无差异，则社会也无差

---

① 姚明霞：《西方理论福利经济学研究》，博士学位论文，中国人民大学，2001 年。
② Ng Yew - Kwang, "Welfarism and Utilitarianism: A Rehabilitation", *Utilitas*, Vol. 2, No. 2, 1990.

异,社会总福祉可表示为社会成员福祉的无权加总和。① Ng 也同样证明,在满足弱大多数偏好公理(Weak Majority Preference)的情况下(如果社会中的没有任何一个成员偏好 B 胜于 A,且社会中超过半数以上的社会成员偏好 A 胜于 B,则社会偏好 A 胜于 B),社会总福祉可表示为社会成员福祉的无权加总和:②

$$W = w_1 + w_2 + \cdots + w_n \tag{2-23}$$

笔者认为,政策研究的最根本目的应该落实于价值判断,追求终极目标——社会总福祉最大化。在本文中,我们通过构建非传统全局均衡的理论模型(综观经济分析模型和超边际均衡模型),结合社会福祉函数,对社会总福祉进行分析,探讨政府采取不同的社会经济政策会对社会总福祉产生的影响,进而从理论层面对政府的社会经济政策提出相应的建议。这里需要特别指出,采用式(2-22)所示的一般化的社会福祉函数并不会改变本书社会总福祉分析的结论,因此,为了理论模型求解更简化,结果分析更直观,我们采用如式(2-23)所示的社会成员福祉的无权加总和的社会福祉函数进行分析。

第五节 本章小结

本章对本书所使用的综观经济分析和社会总福祉分析的方法进行了必要阐述,其主要内容可概括如下:第一,综观经济分析的基本简化假设条件的阐释;第二,综观经济基本分析模型的构建以及比较静态分析求解;第三,综观经济分析基本模型结论的简单讨

---

① Harsanyi J. C., "Cardinal Welfare, Individualistic Ethics, and Interpersonal Comparisons of Utility, Essays on Ethics, Social Behaviour, and Scientific Explanation", *Journal of Political Economy*, Vol. 63, No. 4, 1976.

② Ng Yew-Kwang, "Bentham or Bergson? Finite Sensibility, Utility Functions and Social Welfare Functions", *Review of Economic Studies*, Vol. 42, No. 4, 1975.

论；第四，对个人效用与个人福祉的差异进行说明，并介绍了本书所采用的个人福祉函数和社会福祉函数。总而言之，本章所介绍的综观经济分析和社会总福祉分析的方法是为本书之后的研究奠定方法论的基础。

第三章 综观经济学分析框架下的福祉分析

一般而言，主流经济学的研究重点是关注客观的经济变量，比如生产产量、消费、收入分配等。然而仅仅将经济学的分析停留在这种纯粹客观经济变量的分析是远远不够的，因为我们对这些客观变量感兴趣主要是因为他们与我们的价值判断有关。无论是个人还是社会追求的终极目标都应该是福祉的最大化。而由以上章节对传统经济学分析方法的总结中，我们发现采用传统经济学进行社会福祉分析在某些方面存在缺陷，因此，本章采用了一种非传统的全局均衡分析方法——综观经济分析方法。该方法不必假设完全竞争，且对分析宏观经济政策（包括货币政策和财政政策）对经济变量的影响有一定的优势。在此基础上，我们通过在综观经济分析模型框架下进水社会福祉分析，进一步探讨宏观经济政策对社会福祉的影响机制。

本章的内容组织如下：第一节是引言，介绍综观经济分析模型的研究现状，并提出本章的研究问题。第二节在综观经济分析基本模型的基础上，构建包括就业者、失业者、厂商、政府和工会组织的综观经济分析模型。第三节采用比较静态分析的方法求解出各宏观经济变量（包括最终产品总产量，中间品总产量，所有产品的总产量，市场平均价格水平，市场平均工资水平、就业率）与外生宏观经济影响因素的关系表达式。第四节对比较静态的结果进行讨论，分别讨论三个总需求的外生影响因素（不包括财政政策影响的总需求外生，个人所得税率和企业所得税率）的变动对重要宏观经济变量的影响。第五节构建社会福利函数，并通过比较静态分析总需求的外生变动对于社会总福利的影响。

第一节 引言

传统经济学如边沁、马歇尔、庇古、瓦尔拉斯、希克斯等用货币单位（Monetary Metric）来衡量的效用（Utility）和福祉（Welfare），将收入和GDP作为比较个人和国家福祉水平高低的重要依据，相关公共政策的制定与评价也围绕GDP展开，却忽略了其他可能影响福祉的重要因素，如通货膨胀、相对收入、失业、制度的公平性、公共品的数量与质量、环境等。Ng认为，福祉才是我们追求的终极目标，而不是收入或者GDP。[①] 当GDP或者个人的收入水平增加时，随之而来的是休闲时间的减少、环境污染的加重等可能会抵消收入增加带来的福祉增加。当前，越来越多的经济学家开始重视福祉分析在公共政策制定和评价中的作用。

综观经济分析方法作为一种非传统全局均衡的分析方法，是在传统全局均衡分析模型的基础上，进行合理的简化，其避免了传统全局均衡分析的复杂难解与强假设限制等限制，并且在传统的局部微观分析中充分考虑了宏观经济变量的影响，一定程度上弥补了传统经济分析方法的不足。然而在以前的综观经济分析模型中，却没有对消费者的部分进行深入的探讨，缺乏对社会总福祉的分析。笔者认为，福祉才是个人和社会追求的终极目的，也同样是政府

[①] Ng Yew‑Kwang, "From Preference to Happiness: Towards a More Complete Welfare Economics", *Social Choice and Welfare*, Vol. 20, No. 2, 2003.

公共政策制定和评价的重要准则。在本章中，我们对综观经济分析理论进一步拓展，在综观经济分析模型的框架下，进行个人和社会的福祉分析。我们试图探究宏观政策变量（如货币供应量、个人所得税率、企业所得税率等）的调整或者需求的外生冲击会对重要的宏观经济变量（如总产出，市场平均价格水平，市场平均工资水平和就业率等）产生怎样的影响，其影响机制如何。在此基础上，讨论政策变动或需求的外生冲击对个人福祉和社会总福祉的作用途径。

在本章中，我们在综观经济分析的基本模型基础上进行有效拓展，构建了一个由生产厂商、就业者、失业者和政府部门组成的较复杂的综观经济分析模型。其结构框架如图3-1所示。在总需求面，按照是否提供劳动力分为就业者和失业者，就业者通过供给劳动，获取工资报酬用于消费，失业者则通过获取的政府补贴用于消费。每一个消费者的消费包括一般商品和公共品。在总供给面，生产厂商雇用工人（就业者），购进中间品生产商品。政府通过向生产厂商征收企业所得税，向消费者征收个人所得税获得税收收入，同时利用税收所得提供公共品，并向失业者提供失业补贴。模型中工会组织的存在，是为了调节整个市场的失业率与工资水平。

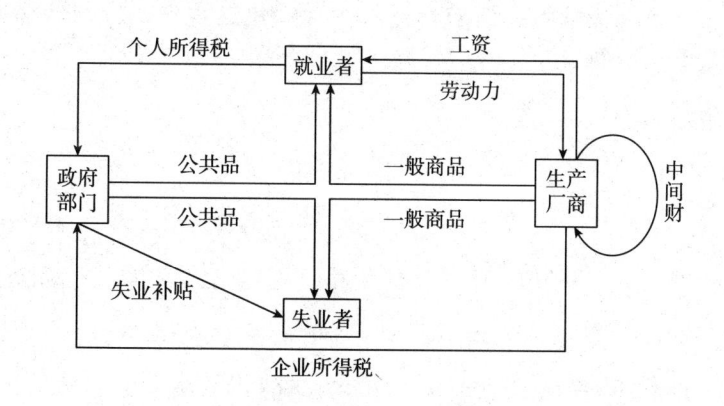

图3-1　静态模型框架

第二节 理论模型构建

我们假定市场由 K 个生产厂商（每个厂商生产一种商品），N^e 个就业者，N^u 个失业者，以及政府与工会组织构成。假定总人口数为 N，在此模型中，我们设定 N 为外生给定，是不变的。N^e 个就业者和 N^u 个失业者的人数可表示为：

$$N^e = \theta N; \quad N^u = (1-\theta)N \tag{3-1}$$

式中，θ 表示市场的就业率。

一 消费者

在此模型中，消费者包括就业者和失业者两部分，每个消费者的消费均包括商品消费和公共品消费两部分，则其效用函数可用一般函数的形式表示为：

$$u^i = u(x_1^i, \cdots, x_k^i, \cdots, x_K^i, \varphi); \quad i=1, \cdots, N \tag{3-2}$$

式中，u^i 表示第 i 个消费者的效用；x_k^i 表示第 i 个消费者消费的第 k 种商品的数量；φ 表示消费者享受到的由政府提供的公共产品的数量。

就业者和失业者在追求目标效用最大化过程中，分别面临如下的预算约束条件：

$$\sum_{k=1}^{K} p_k x_k^{ie} = \alpha^{ie} \tag{3-3}$$

$$\sum_{k=1}^{K} p_k x_k^{ju} = \alpha^{ju} \tag{3-4}$$

式中，p_k 表示第 k 种商品的价格；x_k^{ie} 表示第 i 个就业者对第 k 种商品的需求数量；α^{ie} 表示就业者 i 的需求；x_k^{ju} 表示第 j 个失业者对第 k 种商品的需求数量；α^{ju} 表示失业者 j 的需求。

就业者与失业者的收入分别为：

$$\alpha^{ie} = (1-t)w_i \tag{3-5}$$

$$\alpha^{ju} = \overline{w}^u \tag{3-6}$$

式中，w_i 表示就业者 i 的工资；t 是个人所得税的税率水平；$\overline{w}^u$ 是失业者所获得的政府补助，是外生给定的。就业者通过提供劳动力，获得工资收入，将所有的工资收入用于消费。失业者没有工资收入，所有的消费都是依靠政府的失业补助。通过对就业者与失业者的效用最大化问题求解，并加总，可得到厂商 k 的最终消费品的需求函数，如下：

$$x_k = \sum_{i=1}^{Ne} x_k^{ie} + \sum_{j=1}^{Nu} x_k^{ju} = x_k(p_1, \cdots, p_k, \alpha^{1e}, \cdots, \alpha^{Nee}, \alpha^{1u}, \cdots, \alpha^{Nuu}) \tag{3-7}$$

式中，上标 e 表示就业者，上标 u 表示失业者。本模型的简化假设借鉴综观经济分析的基本模型假设方法[①]，假定一个典型厂商能近似的代表整个市场面对外生宏观环境变动的反应，需求函数中将除了典型厂商自身价格之外的其他价格水平均用市场的平均价格水平代替，忽略分配效应，用整个市场的总需求代替每个消费者的需求，且我们研究的是短期的情况，即厂商的数目不变，K 为定值。典型厂商对最终消费品的需求可表示为：

$$q^F = q^F(p, P, \alpha) \tag{3-8}$$

式中，q^F 表示典型厂商最终消费品的产量；p 表示典型厂商产品的价格；P 表示整个市场的平均价格；α 表示整个经济的总需求。

二 典型厂商

生产部门由 K 家生产厂商组成，参照以上假设简化条件，假定存在一个典型厂商。由于模型的对称性，典型厂商既是最终产品的生产厂商，也是中间品的生产厂商。典型厂商通过雇用劳动力（就业者）和购买中间品生产，生产出的产品一部分成为最终产品供给

[①] Ng Yew - Kwang, *Mesoeconomics: A Micro - Macro Analysis*, London: Harveste, 1986, pp. 3 - 12.

消费者，剩余产品进入中间品市场，成为中间品。典型厂商在生产和成本约束下，利润最大化：

$$\max \pi = (1-T)pq - C$$
$$\text{s. t. } C = wL + pI + \overline{C}_F$$
$$q = f(L, I) \qquad (3-9)$$

式中，π 表示典型厂商的总利润，等于税后总收益与总成本的差；T 表示企业所得税的税率；q 表示典型厂商生产的总产出；C 表示典型厂商的总成本；L 表示典型厂商生产所需要的劳动力；I 表示典型厂商生产所需要的中间品；$\overline{C}_F$ 表示固定成本。在此模型中，典型厂商采用一般函数形式的生产函数 $f(L, I)$，生产所需要的生产要素有两个，劳动力和中间品。劳动力指雇用的劳动者的数量。典型厂商的总成本由三个部分组成，第一部分支付劳动者的工资 wL；第二部分用于购买中间品的支出 pI；最后一部分是固定成本项 $\overline{C}_F$。

根据均衡条件，典型厂商的总产出等于市场对产品的总需求，包括最终产品需求和中间品需求。典型厂商产生的所有产品大部分用于供给最终产品的消费（q^F）。根据需求面的分析，可得出典型厂商最终产品的需求函数为 $q^F = q^F(p/P, \alpha/P)$，是相对价格与实际总需求的函数。而典型厂商所生产的产品一部分进入最终产品市场提供给消费者，另一部分产品作为生产要素被生产厂商购入。我们设定中间品的需求函数为一般函数形式 $I(p, P, q, Y^n, T, \varepsilon^I)$，中间品的需求量与价格水平，典型厂商自身产量，最终产品总产量，企业所得税率有关，同时也可能受到除这些因素之外的其他外生因素影响。总之，典型厂商的总产量可表示为最终产品需求与中间品需求的和：

$$q = q^F(p, P, \alpha) + I(p, P, q, Y^n, T, \varepsilon^I) \qquad (3-10)$$

式中，q^F 表示典型厂商最终产品的数量；Y^n 表示市场中最终产品的总产量；ε^I 表示外生影响典型厂商对于中间品需求的因素。因为模型的特殊设定，典型厂商所生产的产品既有最终产品的属性，也有中间品的属性,则最终消费品和中间品的市场的均衡价格相同,均为 p。我们设定最终产品产量占典型厂商所生产的产品总产量的比例为 m^F,中间品产量所占比例为 m^I,以下等式成立:

$$m^F = \frac{q^F}{q}, \quad m^I = \frac{I}{q} \tag{3-11}$$

典型厂商的产品总量包括最终产品和中间品,其总需求弹性可表示为最终产品和中间品的需求弹性的加权和:

$$\mu = m^F \mu^F(p, P, \alpha) + m^I \mu^I(p, P, q, Y^n, T, \varepsilon^I) \tag{3-12}$$

式中,$\mu = (\partial q/\partial p)p/q$ 表示典型厂商的总需求弹性;$\mu^F = (\partial q^F/\partial p)p/q^F$ 表示最终产品的需求弹性;$\mu^I = (\partial I/\partial p)p/I$ 表示中间品的需求弹性;m^F 表示最终产品的权重,m^I 表示中间品的权重,而权重和为 1($m^F + m^I = 1$)。

典型厂商通过求解约束条件下的利润最大化问题,确定需要雇用的劳动力的数量和购买的中间品的数量。针对劳动力和中间品的一阶条件可表示为:

$$(1-T)p\left(1 + \frac{1}{m^F \mu^F(p, P, \alpha) + m^I \mu^I(p, P, q, Y^n, T, \varepsilon^I)}\right)f_L = w \tag{3-13}$$

$$(1-T)p\left(1 + \frac{1}{m^F \mu^F(p, P, \alpha) + m^I \mu^I(p, P, q, Y^n, T, \varepsilon^I)}\right)f_I = p \tag{3-14}$$

式中,$f_L = \partial f(L, I)/\partial L$ 表示劳动力的边际产出;$f_I = \partial f(L, I)/\partial I$ 表示中间品的边际产出。典型厂商利润最大化的一阶条件意味着劳动力和中间品的边际收益分别等于各自的边际成本。

三 工会组织

工资水平的变动是影响边际成本变动的一个很重要的因素。很明显,当市场已经达到完全就业的状态,厂商增加产量和雇用人数,将会带来工资水平的巨大改变。然而,在未完全就业的状态,仍旧存在工资刚性的情况,即企业扩大生产,就业人数增加,工资水平也可能保持不变。① 很多研究对于工资刚性进行了探讨,从制度上讲,劳动法工资法,工会组织和集体协商制度的存在,从客观上可造成工资刚性。如果一个企业严格遵守工资法,工会的权利较大,并且有较好的集体协商制度,则工资水平会显示出向下的刚性,工资水平不会轻易降低;② 从企业对员工的激励层面,企业考虑到降低工资对员工士气和努力的消极影响,也是工资向下刚性的原因之一;③ 从理论层面讲,合同理论④,隐形合同理论⑤,公平工资—努力假说⑥等多个理论对于工资刚性进行了解释说明;从实证角度讲,众多实证研究结果也证明了工资刚性的广泛存在。⑦⑧

因为工会组织对于企业工资水平的重要影响,我们在模型中引入了工会组织。工会是为了维护工人的合法权益而形成的一个自发组织。工会的目的是为工人争取尽可能高的工资水平,并尽可能降低社会失业率水平。本书中,我们参照 Ng(第十三章)对于工会行为的分析⑨,认为在整个市场中有数个工会,每个工会对应一个厂商,每个工会组织通过与对应的厂商谈判博弈,争取厂商雇用更多的劳动者,同时为劳动者争取更高的工资。我们假设一个典型厂

---

① Mitchell, D. J., "Wage Flexibility in the United States: Lessons from the Past", *The American Economic Review*, Vol. 75, No. 2, 1985.

② Holden, S., "Wage Bargaining and Nominal Rigidities", *European Economic Review*, Vol. 38, No. 5, 1994.

③ Caju, P. D., et al., "Why Firms Avoid Cutting Wages: Survey Evidence from European Firms", *Ilr Review*, Vol. 68, No. 4, 2014.

④ Fischer and Stanley, "Long-Term Contracts, Rational Expectations, and the Optimal Money Supply Rule", *Journal of Political Economy*, Vol. 85, No. 1, 1977.

⑤ Baily, M. N., "Wages and Employment under Uncertain Demand", *Review of Economic Studies*, Vol. 41, 1974.

⑥ Akerlof, G. A. and Yellen, J. L., "The Fair Wage-effort Hypothesis and Unemployment", *The Quarterly Journal of Economics*, 1990.

⑦ Hirsch, B. and Zwick, T., "How Selective Are Real Wage Cuts? A Micro-analysis Using Linked Employer-employee Data", *Labour*, Vol. 29, 2015.

⑧ Holden, S. and Wulfsberg, F., "Wage Rigidity, Inflation, and Institutions", *Scandinavian Journal of Economics*, Vol. 116, No. 2, 2014.

⑨ Ng Yew-Kwang, *Mesoeconomics: A Micro-macro Analysis*, London: Harvester, 1986, pp. 184–195.

商对应一个典型的工会组织，工会组织的平均期望效用可表示为就业者与失业者效用的加权平均表示：

$$EU = \theta U^e[(1-t)w] + (1-\theta)U^u(\bar{w}) \qquad (3-15)$$

式中，EU 表示工会的期望效用；U^e 是就业者的效用，由以上分析可知就业者的效用可表示为实际税后收入的函数；U^u 是失业者的效用，因为失业者所获得的政府补贴是外生给定的，所以市场价格和公共品消费等外生给定的时候，失业者的效用可认为是固定的；θ 表示就业的可能性，总人口数较大时相当于整个市场的就业率，当市场的总人数 N 不变的情况下，θ 仅与就业者的数量有关。

为了模型的广泛适用性，我们用一般性函数表示整个市场的就业率 θ 受到各种因素的影响。在劳动力市场，工资水平 w 的增加意味着厂商劳动力边际成本的增加，会使厂商对劳动力需求的减少，从而影响就业率。同时，宏观经济变量市场价格水平 P 和总产量 Y 也同样会通过影响需求面影响就业率。ε^θ 表示除了工资水平，平均价格水平和总产量之外影响就业率的因素，比如劳动力市场不完善，劳动力结构的调整，季节性因素等。因此，就业率 θ 的约束条件为：

$$\theta = \theta(w, P, Y, \varepsilon^\theta) \qquad (3-16)$$

由于工会组织的期望效用函数只与就业率 θ 和工资水平 w 有关，我们可以绘制出无差异曲线图。当均衡点沿着工会期望效用的无差异曲线变动时，工会组织的期望效用 EU 为固定值 $dEU=0$，无差异曲线的逆向斜率可表示为：

$$-\frac{\partial \theta}{\partial w}\bigg|_{EU=constant} = \frac{(1-t)\theta U^e_w}{U^e[(1-t)w] - U^u(\bar{w})} \qquad (3-17)$$

式中，$U^e_w = \partial U^e[\partial(1-t)w]$ 表示就业者收入的边际效用。工会的期望效用的无差异曲线的"弹性系数"可表示为：

$$\eta^{\theta w}\bigg|_{EU=constant} = \frac{(1-t)wU^e_w}{U^e[(1-t)w] - U^u(\bar{w})} < 0 \qquad (3-18)$$

式中，$\eta^{\theta w}\big|_{EU=constant} = (\partial\theta/\partial w)\, w/\theta\big|_{EU=constant}$ 表示无差异曲线上点的"弹性系数"，当工资水平变动时，对应的就业率负向变动，"弹性系数"为负值。比如当其他条件固定时，市场的失业率增加，就业率 θ 降低，工会如果想要维持期望效用不变，就会通过与厂商协商谈判促使工资水平 w 增加。并且，从就业率与工资水平的弹性系数的表达式可以看出，当个人所得税率 t 外生给定，无差异曲线上点的"弹性系数"与 θ 无关，仅与工资水平 w 有关。如果工资水平相同，无差异曲线的弹性系数相同。因此，采用本书所设定的合理的工会组织的平均期望效用函数形式，工资水平 w 不变，无差异曲线表现为相同的弹性系数。

四 政府

在本模型中，我们引进了政府部分。政府部门的职能包括三个部分：征收企业所得税和个人所得税；为失业者提供补贴；提供公共品。

政府的财政支出主要有两项：一部分是失业者的失业补贴，每个失业者获得相同的救济金（$\bar{w}^u$）；另一部分财政支出用于投入公共品的建设。

$$G = n^u \bar{w}^u + P\varphi \tag{3-19}$$

式中，G 表示政府的财政支出；φ 表示政府投入的公共品的实际数量。

政府的财政收入全部来自税收收入，包括企业所得税和个人所得税，其税率分别为 T 和 t。

$$R = KTpq + N^e tw \tag{3-20}$$

式中，R 表示政府的所有税收收入。

在均衡时，政府的财政收支平衡，政府的财政支出恰好等于财政收入。对于政府部门，我们有以下均衡式：

$$R = G \tag{3-21}$$

五 市场均衡条件

均衡时，各市场没有超额需求和超额供给的情况。在劳动力市场，劳动力的供给等于需求，即：

$$N^e = \theta N = KL \tag{3-22}$$

产品市场，产品的总需求等于总供给，即：

$$\alpha = PY^n \tag{3-23}$$

式中，$Y^n = Kq^F$ 表示这个市场的总产量，是整个市场所有厂商最终产品产量的加总；而整个市场中所有产品（包括最终产品和中间品）的总产量则用 $Y = Kq$ 表示。

为了模型可以求解，我们还需要一个总需求的决定函数，我们采用一般形式的总需求函数：

$$\alpha = \alpha(Y^n, P, T, t, G, \varepsilon^\alpha) \tag{3-24}$$

式中，ε^α 表示总需求的外生变动因素，比如货币供给量的变动，政府的财政政策变动因素，或者消费者对市场的信心等影响总需求的因素。

均衡时，由于典型厂商的特性，典型厂商通过最优化自身利润所确定的价格 p 恰好等于市场的平均价格 P，否则该厂商则不是典型厂商，则有：

$$p = P \tag{3-25}$$

然而，这里需要注意的是，并不是说不管典型厂商确定的价格是多少，市场的平均价格水平 P 都必须等于典型厂商的价格 p。

第三节 比较静态分析

当模型设定完成后，我们采用比较静态分析的方法来求解并分析此模型。比较静态分析（Comparative Static Analysis）可用于当原有的条件发生变化时，分析比较新旧均衡状态发生的改变。[1]

---

[1] 吴汉洪、安劲萍：《经济学中的比较静态分析》，《湖北经济学院学报》2005 年第 2 期。

首先，我们将式（3-22）全微分，等式两边分别相除可得：

$$\frac{dN^e}{N^e} = \frac{d\theta}{\theta} = \frac{dL}{L} \tag{3-26}$$

说明典型厂商雇用的劳动力的百分比变动等于就业率的百分比变动。

将典型厂商的最优化条件式（3-13）和式（3-14）全微分，将全微分之后的两个等式再分别除以式（3-13）和式（3-14），并整理。为了模型简化的需求，我们在此假设外生因素变动导致市场的均衡发生变动后，对于任意的价格水平 p，最终产品的需求曲线和中间产品的需求曲线都是同比例水平移动，即最终产品需求曲线的弹性系数 μ^F 和中间产品需求曲线的弹性系数 μ^I 不会改变。也就是说，$\eta^{\mu^F p} = \eta^{\mu^F P} = \eta^{\mu^F \alpha} = 0$；$\eta^{\mu^I p} = \eta^{\mu^I P} = \eta^{\mu^I q} = \eta^{\mu^I Y^n} = \eta^{\mu^I T} = \eta^{\mu^I \varepsilon^I} = 0$，简化之后可得：

$$\eta^{f_L \mu} \frac{d\theta}{\theta} + \eta^{f_L I} \frac{dI}{I} = \frac{T}{1-T} \frac{dT}{T} \tag{3-27}$$

$$\eta^{f_I \mu} \frac{d\theta}{\theta} + \eta^{f_I I} \frac{dI}{I} + \frac{dP}{P} - \frac{dw}{w} = \frac{T}{1-T} \frac{dT}{T} \tag{3-28}$$

式中，f_L 和 f_I 分别表示劳动力 L 和中间品 I 的边际产量，均大于零；$\eta^{f_I I}$ 是中间品的边际产量对自身的弹性系数，$\eta^{f_I I} < 0$ 表示中间品的边际产量曲线的斜率为负，边际产量递减；而 $\eta^{f_I L}$ 表示中间品的边际产量曲线因劳动力数量变动产生移动的情况，我们设定 $\eta^{f_I L} > 0$；$\eta^{f_L L}$ 是劳动力的边际产量对自身的弹性系数，$\eta^{f_L L} < 0$ 表示劳动力的边际产量曲线的斜率为负，边际产量递减，而 $\eta^{f_L I}$ 表示劳动力的边际产量曲线随中间品数量变动产生移动的情况，我们设定 $\eta^{f_L I} > 0$。

为了简化分析，我们假设生产函数具有 Cobb-Douglas 形式，最终产品和中间品的生产弹性是不变的 $[q = f(L, I) = L^\beta I^\gamma]$，则式（3-27）和式（3-28）可表示成：

$$\beta \frac{d\theta}{\theta} + (\gamma - 1) \frac{dI}{I} = \frac{T}{1-T} \frac{dT}{T} \tag{3-29}$$

$$(\beta - 1) \frac{d\theta}{\theta} + \gamma \frac{dI}{I} + \frac{dP}{P} - \frac{dw}{w} = \frac{T}{1-T} \frac{dT}{T} \tag{3-30}$$

将 Cobb–Douglas 形式的生产函数全微分，再除以生产函数，结合 $dq/q = dY/Y$，整理可得：

$$\frac{dY}{Y} = \beta \frac{d\theta}{\theta} + \gamma \frac{dI}{I} \tag{3-31}$$

式中，$\beta = (\partial q/\partial L) L/q$ 是典型厂商的劳动力的生产弹性系数；$\gamma = (\partial q/\partial I) I/q$ 是典型厂商购买的中间品的生产弹性系数。劳动力和中间品的增加均可带来产量的增加。

将市场对典型厂商产品的需求表达式（3-10）全微分，并除以自身，结合 $dq/q = dY/Y$，可得到：

$$\frac{dY}{Y} = m^F \frac{dY^n}{Y^n} + m^I \frac{dI}{I} \tag{3-32}$$

式中，m^F 表示均衡状态时，最终产品占产品总量的比例；m^I 表示均衡状态时，中间品占产品总量的比例；$m^F + m^I = 1$ 总是成立。

将就业率 θ 的表达式（3-16）全微分，并除以本身可得到：

$$\frac{d\theta}{\theta} = \eta^{\theta w}\frac{dw}{w} + \eta^{\theta P}\frac{dP}{P} + \eta^{\theta Y}\frac{dY}{Y} + \eta^{\theta \varepsilon}\frac{d\varepsilon^\theta}{\varepsilon^\theta}; \quad \eta^{\theta w} < 0, \ \eta^{\theta P} > 0, \ \eta^{\theta Y} > 0 \tag{3-33}$$

式中，$\eta^{\theta w}$ 表示工资水平的变动对就业率的影响，$\eta^{\theta w} < 0$ 表示平均工资水平增加，典型厂商考虑成本的因素会减少雇用的劳动力，使市场的就业率水平降低。$\eta^{\theta P}$ 表示市场的平均价格水平对就业率的影响，$\eta^{\theta P} > 0$ 表示市场平均价格水平的增加，通过增加市场的总需求促使厂商对劳动力的需求增加，导致就业率增加。$\eta^{\theta Y}$ 表示市场的总产量对就业率的影响，$\eta^{\theta Y} > 0$ 表示市场总产量的增加会促使典型厂商增加雇用劳动力。理想状态下，如果市场需求减少，产量减少与就业减少应当是同比例的，即 $\eta^{\theta Y} = 1$。然而现实是，由于企业感到雇用和培训员工的费用很高，产量减少时解雇员工，产量增加时再招收员工，损失太大。而且，企业还担心被解雇的员工会到其他企业工作，将来需要时招不回来。所以，在需求下降，产量减少时，企业宁可让一部分多余的员工留在工作岗位上暂时休闲。这些员工虽然未失业，但实际上并不干活，与失业员工一样，被称为隐性失业。隐性失业的越多,市场总产量增加对于就业率增长的影响越小。① 现实情况下,一般存在 $\eta^{\theta Y}<1$。最后,我们假定不考虑除工资水平,平均物价水平和总产量之外的其他影响就业率水平的因素,即 $d\varepsilon^{\theta}/\varepsilon^{\theta}=0$。

将总需求的决定函数式(3-24)全微分,再除以 α 之后,并用 $d\alpha/\alpha = dY^{n}/Y^{n} + dP/P$ 替代 $d\alpha/\alpha$,可得到:

$$(1-\eta^{\alpha Y^{n}})\frac{dY^{n}}{Y^{n}} + (1-\eta^{\alpha P})\frac{dP}{P} = \eta^{\alpha T}\frac{dT}{T} + \eta^{\alpha t}\frac{dt}{t} + \eta^{\alpha G}\frac{dG}{G} + \frac{\overline{d\alpha}}{\alpha}; \quad 1 > \eta^{\alpha Y^{n}} > 0, \quad 1 > \eta^{\alpha P} > 0, \quad \eta^{\alpha T} \leq 0, \quad \eta^{\alpha t} \leq 0, \quad \eta^{\alpha G} > 0 \qquad (3-34)$$

式中,$\overline{d\alpha}/\alpha = (\partial\alpha/\partial\varepsilon^{\alpha})\varepsilon^{\alpha}/\alpha$ 表示总需求的外生变动,指经济体中影响产品和劳务需求的事件。减税、货币供应量的增加、政府支出的增加或者对外出口需求的增加均可促使总需求增加,国际金融危机会导致总需求下降。$\eta^{\alpha Y^{n}}$ 表示最终产品总产量对总需求的百分比影响,$1 > \eta^{\alpha Y^{n}} > 0$ 的限定是为了防止本书所构建的经济系统出现无法收敛的情况,相当于凯恩斯交叉图中 $C+I$ 的斜率大于零小于1的情况,因为边际支出倾向一般小于1,$\eta^{\alpha Y^{n}}<1$ 的设定是可行的。$\eta^{\alpha P}$ 表示市场平均价格水平对于总需求的百分比影响,限定 $1 > \eta^{\alpha P} > 0$ 也是为了避免经济出现无法收敛的情况。由于在此模型中,货币供应量等因素变动的影响表现在 $d\varepsilon^{\alpha}$ 的变化中,$\eta^{\alpha P}$ 表现的是当货币供应量等因素不变时,仅市场的平均价格水平变动对于总需求的影响,可认为 $\eta^{\alpha P}<1$ 是较为合理的设定。$\eta^{\alpha T}$ 和 $\eta^{\alpha t}$ 分别表示企业所得税率和个人所得税率变动对总需求的百分比影响,企业所得税率的增加使企业的生产成本增加而对生产产生负面影响,而个人所得税率增加会使家庭可支配收入的减少,减少消费需求,最终均会对总需求产生负向作用,即 $\eta^{\alpha T} \leq 0$;$\eta^{\alpha t} \leq 0$。$\eta^{\alpha G}$ 表示政府财政支出对总需求的影响,政府实际财政支出会对总需求产生正向影响,即

---

① 石昶、宋德勇:《隐性失业影响中国就业增长与经济增长的关系吗》,《经济学家》2012年第5期。

$\eta^{\alpha G} > 0$。

政府的财政支出由失业者补助支出和公共产品支出组成,将政府的支出函数式（3-19）全微分,再除以政府财政支出 G,整理可得:

$$\frac{dG}{G} = -\rho^u \zeta^\theta \frac{d\theta}{\theta} + \rho^\varphi \frac{d\varphi}{\varphi} + \rho^\varphi \frac{dP}{P} \tag{3-35}$$

式中, $\rho^u = N^u \overline{w}^u / G \in (0, 1)$ 表示均衡状态时,政府财政支出中用于失业者补助的支出占比。$\zeta^\theta = \theta/1-\theta$ 表示市场就业率与失业率的比例,一般情况下就业率远大于失业率,即 $\zeta^\theta > 1$。比如中国的失业率一般是 5% 左右,则 ζ^θ 为 19。$\rho^\varphi = P\varphi/G \in (0, 1)$ 表示在均衡状态时政府财政支出中用于提供公共产品的支出占比。且 $\rho^u + \rho^\varphi = 1$ 成立。

政府的财政收入全部来自税收收入,包括企业所得税率和个人所得税率两部分,将政府财政收入表达式（3-20）全微分,再除以总财政收入 R 可得:

$$\frac{dR}{R} = \phi^f \frac{dY}{Y} + \phi^f \frac{dP}{P} + \phi^f \frac{dT}{T} + \phi^c \frac{d\theta}{\theta} + \phi^c \frac{dw}{w} + \phi^c \frac{dt}{t} \tag{3-36}$$

式中, $\phi^f = KTpq/R$ 表示均衡状态时,企业所得税的税收收入占政府财政总收入的贡献比例;$\phi^c = N^e tw/R$ 表示均衡状态时,个人所得税的税收收入占政府财政总收入的贡献比例;且关系式 $\phi^f + \phi^c = 1$ 成立。

均衡状态时政府的财政收支平衡,即 $dG/G = dR/R$,我们可以求出政府可用于供给公共品的财政支出的影响因素:

$$\frac{d\varphi}{\varphi} = \frac{1}{\rho^\varphi} \left[\phi^f \frac{dY}{Y} + (\phi^f - \rho^\varphi) \frac{dP}{P} + \phi^f \frac{dT}{T} + (\phi^c + \rho^u \zeta^\theta) \frac{d\theta}{\theta} + \phi^c \frac{dw}{w} + \phi^c \frac{dt}{t} \right] \tag{3-37}$$

对构建的模型进行微分处理之后,我们将内生变量的百分比变动表示成外生因素的函数:

$$X = A^{-1} B \tag{3-38}$$

式中，矩阵 X 是内生变量的百分比变动组成的矩阵，包括各宏观经济变量（最终产品总产量、中间品总产量、所有产品的总产量，市场平均价格水平，市场平均工资水平和就业率）。矩阵 A 是系数矩阵。矩阵 B 是外生影响因素的矩阵，包括企业所得税率，个人所得税率和总成本外生影响因素。具体表示为：

$$X = \begin{bmatrix} \dfrac{dY^n}{Y^n} & \dfrac{dY}{Y} & \dfrac{dP}{P} & \dfrac{dw}{w} & \dfrac{d\theta}{\theta} & \dfrac{dI}{I} \end{bmatrix}'$$

$$A = \begin{bmatrix} 0 & 0 & 0 & 0 & \beta & (\gamma-1) \\ 0 & 0 & 1 & -1 & (\beta-1) & \gamma \\ 0 & -\eta^{\theta Y} & -\eta^{\theta P} & -\eta^{\theta w} & 1 & 0 \\ -m^F & 0 & 0 & 0 & \beta & (\gamma-m^I) \\ 0 & 1 & 0 & 0 & -\beta & -\gamma \\ (1-\eta^{\alpha Y^n}) & -\eta^{\alpha G}\phi^f & (1-\eta^{\alpha P}-\eta^{\alpha G}\phi^f) & -\eta^{\alpha G}\phi^c & -\eta^{\alpha G}\phi^c & 0 \end{bmatrix}$$

$$B = \begin{bmatrix} \dfrac{T}{1-T}\dfrac{dT}{T} \\ \dfrac{T}{1-T}\dfrac{dT}{T} \\ 0 \\ 0 \\ 0 \\ (\eta^{\alpha T}+\eta^{\alpha G}\phi^f)\dfrac{dT}{T} + (\eta^{\alpha t}+\eta^{\alpha G}\phi^c)\dfrac{dt}{t} + \dfrac{d\overline{\alpha}}{\overline{\alpha}} \end{bmatrix}$$

在模型求解的基础上，下文我们将分别从总需求的外生变动，个人所得税率 t 变动和企业所得税率 T 变动三个特殊情况探讨外生因素变动对宏观经济变量的比较静态影响结果。

第四节 比较静态结果讨论

在上一小节中，我们求解出外生变量的变动对重要的宏观经济变量影响的表达式。在本节的讨论中,我们不考虑成本的外生变动的影响(类似于在第二章中构建的综观经济基本分析模型中假定边际成本的没有外生改变 $d\bar{c}=0$ 的情况),将关注点单独放在总需求的外生变动对宏观经济变量的影响方面。

然而,这样的假定并不意味着这是局部均衡的分析。因为在分析中,我们并没有排除边际成本的内生变动。总需求的外生变动促使宏观经济变量发生改变之后,宏观经济变量又会通过 $\eta^{\theta P}$、$\eta^{\theta w}$、$\eta^{\theta Y}$ 反过来影响市场平均就业率,从而内生改变厂商的边际成本。以下,我们就模型的比较静态结果分别讨论三个总需求的外生影响因素(总需求的外生变动、个人所得税率变动和企业所得税率变动)对重要宏观经济变量的影响。

一 总需求的外生变动

总需求的外生变动包括:可能改变货币供应量的各种货币政策的颁布实施;全球金融危机对消费者信心的影响;世界贸易环境的变化对本国进出口的影响等。为了单独研究总需求的外生变动对于宏观经济变量的效果,我们暂时不考虑财政税收政策的变动,假定 $dT/T=dt/t=0$,$d\bar{\alpha}/\alpha \neq 0$。

我们将 $dT/T=dt/t=0$,$d\bar{\alpha}/\alpha \neq 0$ 代入式(3-38)中的 B 矩阵,求解式(3-38)可得不包括财政政策影响的总需求的外生变动对重要的宏观经济变量(包括总产出、平均价格水平、平均工资水平、就业率等)的影响效果:

$$\frac{dY^n}{Y^n} = \frac{\beta(\eta^{\theta P}+\eta^{\theta w})}{H}\frac{d\bar{\alpha}}{\alpha}$$

$$\frac{dY}{Y} = \frac{\beta(\eta^{\theta P}+\eta^{\theta w})}{H}\frac{d\bar{\alpha}}{\alpha}$$

$$\frac{dP}{P} = \frac{(1-\gamma-\beta\eta^{\theta Y})+\eta^{\theta w}(1-\beta-\gamma)}{H}\frac{d\bar{\alpha}}{\alpha}$$

$$\frac{dw}{w} = \frac{(1-\gamma-\beta\eta^{\theta Y})-\eta^{\theta P}(1-\beta-\gamma)}{H}\frac{d\bar{\alpha}}{\alpha}$$

$$\frac{d\theta}{\theta} = \frac{(1-\gamma)(\eta^{\theta P}+\eta^{\theta w})}{H}\frac{d\bar{\alpha}}{\alpha}$$

$$\frac{\mathrm{d}I}{I} = \frac{\beta(\eta^{\theta P} + \eta^{\theta w})}{H} \frac{\mathrm{d}\overline{\alpha}}{\overline{\alpha}}$$

$$H = \beta(\eta^{\theta P} + \eta^{\theta w})(1 - \eta^{\alpha Y n} - \eta^{\alpha G}\phi^f) + (1 - \eta^{\alpha P} - \eta^{\alpha G}\phi^f)[(1 - \gamma - \beta\eta^{\theta Y}) + \eta^{\theta w}(1 - \beta - \gamma)] - \eta^{\alpha G}\phi^c(1 - \gamma)(\eta^{\theta P} + \eta^{\theta w}) - \eta^{\alpha G}\phi^c [(1 - \gamma - \beta\eta^{\theta Y}) - \eta^{\theta P}(1 - \beta - \gamma)] \quad (3-39)$$

式中，η^{ab}表示变量b的百分比变动可促使变量a的百分比变动。$\eta^{\theta w}<0$表示劳动力供给曲线的弹性，$\eta^{\theta P}>0$；$1 \geqslant \eta^{\theta Y}>0$分别表示市场的平均价格水平和总产出对就业率的影响，平均价格水平和总产出的增加可促使总需求增加，导致对劳动力的需求增加。

本模型中，为了研究的简化需求，我们采用了特殊的 Cobb-Douglas 形式的生产函数设定。β 和 γ 分别表示生产要素劳动力和中间品的生产弹性。$\beta + \gamma = 1$ 表示典型厂商的生产是规模报酬不变，当生产要素的价格不变时，生产要素（劳动力和中间品）同比例变动，厂商产量也同比例增加；$\beta + \gamma < 1$ 表示规模报酬递减；$\beta + \gamma > 1$ 表示规模报酬递增。在产业形成的初期，由于劳动力分工，大规模财务融资便利等因素，可能出现规模报酬递增的现象。但当生产规模达到一定程度后，进一步享受规模经济的优势就不太可能。此时，规模不经济的因素开始占上风，例如生产要素的专业化分工就有一定的限度，不可能无限地加以细分，分工太细会带来管理的低效率。在本模型中，我们的生产要素只考虑了劳动力和中间财，出现规模报酬递增的状况是较少的，我们仅研究规模报酬递减和规模报酬不变的情况，即 $\beta + \gamma \leqslant 1$。

为了模型不出现无法收敛的情况，我们假定 $1 > \eta^{\alpha Y n} > -1$；$1 > \eta^{\alpha P} > -1$。$\eta^{\alpha Y n}$ 表示总产出对总需求的百分比影响，一般来说，边际消费倾向是小于1的。$\eta^{\alpha P}$ 表示市场平均价格水平对总需求的百分比影响，$\eta^{\alpha P}$ 小于1是可能的。

$\eta^{\alpha T} \leqslant 0$；$\eta^{\alpha t} \leqslant 0$ 分别表示个人所得税率、企业所得税率的增加对总需求的消极影响。$\eta^{\alpha G}>0$ 表示增加政府财政支出对总需求的积极影响。$0 < \rho^u < 1$ 表示在均衡状态时，政府财政支出中用于失业者

补助的支出占比。$\zeta^\theta = \theta/1-\theta$ 表示市场就业率与失业率的比例。

综合各参数实际取值范围，我们可得出：

$$H \geq (1-\eta^{\alpha Y n}-\eta^{\alpha G})\beta(\eta^{\theta P}+\eta^{\theta w}) + (1-\eta^{\alpha P}-\eta^{\alpha G})[(1-\gamma-\beta\eta^{\theta Y})+\eta^{\theta w}(1-\beta-\gamma)] \geq 0 \quad (3-40)$$

H 的大小仅会影响总需求的外生变动对重要的宏观经济变量的作用效果，但不会影响作用的正负方向。

从以上结果可看出，不包括总需求的外生增加是否促使实际的宏观经济指标（如总产出、就业率）增加，主要是看 $\eta^{\theta P}+\eta^{\theta w}$ 的值是否大于零。工资水平和价格水平的变动比例是否相同则取决于 $(\eta^{\theta w}+\eta^{Pw})(1-\beta-\gamma)$ 是否等于零。对于规模报酬不变的生产厂商 $(\beta+\gamma=1)$，如果 $1-\gamma-\beta\eta^{\theta Y}=0$，则总需求的外生增加不会引起价格水平的变动；如果 $1-\gamma-\beta\eta^{\theta Y}>0$，则总需求的外生增加将会引起工资水平和市场价格水平同比例增加。

以下，我们将通过两个特殊情况，简单地探讨总需求的外生增加对宏观经济变量的影响。

第一种特殊情况 $(\beta+\gamma=1,\ \eta^{\theta Y}=1,\ \eta^{\theta P}+\eta^{\theta w}\neq 0)$，代入式 $(3-39)$ 求解可得到：

$$\frac{dY^n}{Y^n}=\frac{dY}{Y}=\frac{d\theta}{\theta}=\frac{dI}{I}=\frac{1}{1-\eta^{\alpha Y n}-\eta^{\alpha G}}\frac{d\bar{\alpha}}{\alpha}>0$$

$$\frac{dP}{P}=\frac{dw}{w}=0 \quad (3-41)$$

以上结果表示，在第一种特殊情况下，不包括财政政策影响总需求的外生增加会促使实际产量和就业率同步增长，对价格水平和工资水平没有影响。

我们先忽略总需求的内生增加。当典型厂商未预期平均价格变动的情况下，总需求外生增加 $x\%$，使典型厂商面对的需求增加，厂商的需求曲线和边际收益曲线均水平右移 $x\%$。当厂商未预期市场的价格水平，包括生产要素价格发生改变时，对于规模报酬不变的厂商 $(\beta+\gamma=1)$，产量与各生产要素同比例增加意味着厂商的边际成本保持不变。厂商经过利润最大化的考量之后，新的均衡点产量增加 $x\%$，而价格水平保持不变，这也印证了最初对于价格水平的预期。

典型厂商产量增加 $x\%$，会促使厂商对生产要素（劳动力和中间品）需求增加 $x\%$。如图 3-2 所示，初始状态时，厂商对劳动力的需求为 d_L，与工会组织的无差异曲线 I 相交于 A 点。由 $\eta^{\theta Y}=1$ 可知，总产出的增加促使典型厂商对劳动力的需求增加。由于模型设立的工会组织的特殊形式，对于相同的平均工资水平，工会组织无差异曲线的弹性是相同的。因此，劳动力的需求曲线可能等弹性地移动至 d_L'，与工会新的无差异曲线 II 相交于 B 点。此时工资水平可能保持不变，仍旧为 $\bar{w}$，仅就业率增加。实际经济活动中，工资刚性的情况是存在的。可能的原因有很多，比如在就业时，劳动者与厂商签订劳动合同，在合同期限内，即使在此期间实际的价格水平有所变动，劳资双方也会遵守合同中规定的工资水平；工会组织同时追求工资水平和就业率两个目标，在一定的就业率范围内，可能对工资水平不会特别敏感，只有当其成员的实际平均工资水平超过了设定的目标范围时，才会通过谈判罢工等手段要求厂商调整工资水平。此时，劳动力的需求增加 $x\%$ 会使工资水平保持不变，就业率增加 $x\%$。

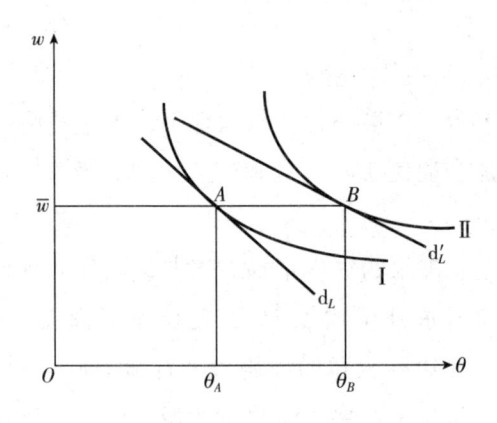

图 3-2 工会组织的期望效用最大化

总产出增加进一步增加消费需求，同时税收收入的增加使政府支出增加，通过 $\eta^{\alpha Y n}$ 和 $\eta^{\alpha G}$，总需求内生增加，进一步加强总产出增加的效果。类似于凯恩斯的收入乘数效应。总之，在此特殊情况下（$\beta+\gamma=1$，$\eta^{\theta Y}=1$，$\eta^{\theta P}+\eta^{\theta w}\approx 0$），总需求的外生变动会产生实际扩张的效果，仅对实际总产量和就业率产生影响，而对价格水平没有实际作用效果。且由于 $\eta^{\alpha Y n}+\eta^{\alpha G}<1$，总产量和就业率增加的比例超过总需求外生变动增加的比例。

第二种特殊情况（$\eta^{\theta P}+\eta^{\theta w}=0$，$\beta+\gamma=1$，$0<\eta^{\theta Y}<1$ 或 $\eta^{\theta P}+\eta^{\theta w}=0$，$\beta+\gamma<1$，$0<\eta^{\theta Y}\leqslant 1$），求解可得到：

$$\frac{\mathrm{d}Y^n}{Y^n}=\frac{\mathrm{d}Y}{Y}=\frac{\mathrm{d}\theta}{\theta}=\frac{\mathrm{d}I}{I}=0$$

$$\frac{\mathrm{d}P}{P}=\frac{\mathrm{d}w}{w}=\frac{1}{1-\eta^{\alpha P}-\eta^{\alpha G}}\frac{\mathrm{d}\bar{\alpha}}{\alpha}>0 \tag{3-42}$$

求解结果可知，在此特殊情况下，总需求的外生增加仅带来价格水平和工资水平的同步增长，却对实际产量和就业率没有影响。

与第一种情况的分析相同，当典型厂商未预期平均价格的变动的情况下，总需求外生增加 $x\%$，厂商的需求曲线和边际收益曲线均水平右移 $x\%$。如果典型厂商的生产是规模报酬不变（$\beta+\gamma=1$）的，典型厂商产量的增加需要生产要素（劳动力和中间财）同比例的增加，而 $\eta^{\theta Y}<1$ 表示劳动力的供给不完全充足，典型厂商如果想要通过雇用更多的工人以提高产量，需要提高工资水平 w。工资水平的增加会使典型厂商的边际成本增加。因而，厂商利润最大化达到新的均衡时，典型厂商价格 p 的增加，最终引起市场平均价格水平 P 的增加。

当典型厂商的生产是规模报酬递减（$\beta+\gamma<1$）时，典型厂商产量增加 $x\%$，对生产要素（劳动力和中间财）的需求将超过 $x\%$，即使厂商未预期价格水平和工资水平发生改变，也会导致边际成本增加。同时，$0<\eta^{\theta Y}\leqslant 1$ 意味着劳动力市场的劳动供给可能无法满足其需求，可能造成工资水平 w 的增加。总之，厂商的边际成本会

增加，向右移动的边际收益曲线将与边际成本曲线相交于新的均衡点，此时厂商的价格水平增加。市场平均价格水平的增加又会进一步增加总需求，进而通过 $\eta^{\theta P}$ 增加对劳动力的需求。同时，工资水平的增加意味着成本的增加，反而会减少对劳动力的需求。$\eta^{\theta P} + \eta^{\theta w} = 0$ 意味着市场平均价格水平 P 对就业率的促进作用刚好和工资水平增加对就业率的消极作用抵消，厂商最终选择不改变雇用的劳动力数量，保持产量不变。因而，在第二种特殊情况下，暂时不考虑总需求内生变动的影响，当总需求外生增加 $x\%$ 时，平均价格水平 P 和平均工资水平 w 均增加 $x\%$，而总产量和就业率等实际宏观变量不发生改变。

工资水平和平均价格水平同比增长，又会通过 $\eta^{\alpha P}$ 和 $\eta^{\alpha G}$ 进一步增加总需求，加强对价格水平增加的效果。类似于凯恩斯的价格乘数效应。总之，在第二种特殊情况下（$\eta^{\theta P} + \eta^{\theta w} = 0$，$\beta + \gamma = 1$，$0 < \eta^{\theta Y} < 1$ 或者 $\eta^{\theta P} + \eta^{\theta w} = 0$，$\beta + \gamma < 1$，$0 < \eta^{\theta Y} \leq 1$），总需求的外生变动不会产生实际扩张的效果，仅会促使市场价格水平和平均工资水平超比例的增加。

二 个人所得税率变动

这一小节，我们将单独探讨财政政策中个人所得税率 t 变动对宏观经济变量的影响。为了单独研究个人所得税率 t 的作用效果，我们暂时不考虑其他影响总需求的因素，假定 $dT/T = d\bar{\alpha}/\alpha = 0$，$dt/t \neq 0$。

我们将 $dT/T = d\bar{\alpha}/\alpha = 0$，$dt/t \neq 0$ 代入式（3 - 38）中的 B 矩阵，求解式（3 - 38）可得个人所得税率 t 的政策变动对重要的宏观经济变量（包括总产出、平均价格水平、平均工资水平、就业率等）的影响效果：

$$\frac{dY^n}{Y^n} = \frac{\beta(\eta^{\theta P} + \eta^{\theta w})}{H} \eta^{\alpha t} \frac{dt}{t}$$

$$\frac{dY}{Y} = \frac{\beta(\eta^{\theta P} + \eta^{\theta w})}{H} \eta^{\alpha t} \frac{dt}{t}$$

$$\frac{dP}{P} = \frac{(1-\gamma-\beta\eta^{\theta Y}) + \eta^{\theta w}(1-\beta-\gamma)}{H}\eta^{\alpha t}\frac{dt}{t}$$

$$\frac{dw}{w} = \frac{(1-\gamma-\beta\eta^{\theta Y}) - \eta^{\theta w}(1-\beta-\gamma)}{H}\eta^{\alpha t}\frac{dt}{t}$$

$$\frac{d\theta}{\theta} = \frac{(1-\gamma)(\eta^{\theta P} + \eta^{\theta w})}{H}\eta^{\alpha t}\frac{dt}{t}$$

$$\frac{dI}{I} = \frac{\beta(\eta^{\theta P} + \eta^{\theta w})}{H}\eta^{\alpha t}\frac{dt}{t} \tag{3-43}$$

由以上的结果可看出，我们发现财政政策中个人所得税率 t 的变动最直接的影响是消费，个人所得税率 t 的增加会减少消费者可支配的收入，减少消费需求，主要是通过 $\eta^{\alpha t}<0$ 对总需求产生反向作用。$\eta^{\alpha t}$ 绝对值的越大，表明个人所得税率 t 增加对消费需求的影响越大，总需求减少越多。总之，当政府提高个人所得税 t，对总需求产生消极影响，总需求减小，间接地作用于宏观经济变量（分析同上一小节）。

同时，个人所得税率 t 增加，会增加政府税收中消费所得税的比例 ϕ^c，降低企业所得税的比例 ϕ^f，影响分母 H，会对个人所得税率 t 影响宏观经济变量的效果产生一定影响。

三 企业所得税率变动

为了单独研究企业所得税率 T 的作用效果，我们暂时不考虑其他影响总需求的因素，假定 $dt/t = d\bar{\alpha}/\alpha = 0$，$dT/T \neq 0$。

我们将 $dt/t = d\bar{\alpha}/\alpha = 0$，$dT/T \neq 0$ 代入式（3-38）中的 B 矩阵，求解式（3-38）可得企业所得税率 T 的政策变动对重要的宏观经济变量（包括总产出、平均价格水平、平均工资水平、就业率等）的影响效果：

$$\frac{dY^n}{Y^n} = \left(\frac{K}{m^F H} + \frac{\zeta^T}{m^F}\right)\frac{dT}{T}$$

$$\frac{dY}{Y} = \left(\frac{K}{m^F H} + \zeta^T\right)\frac{dT}{T}$$

$$\frac{dP}{P} = \left[\frac{\zeta^T(1+\eta^{\theta w}-\beta\eta^{\theta Y})}{\beta(\eta^{\theta P}+\eta^{\theta w})} + \frac{(1-\gamma-\beta\eta^{\theta Y}) + \eta^{\theta P}(1-\beta-\gamma)}{\beta(\eta^{\theta P}+\eta^{\theta w})}\frac{K}{m^F H}\right]\frac{dT}{T}$$

◇ 非传统全局均衡框架下的福祉分析

$$\frac{dw}{w} = \left[\frac{\zeta^T(1-\eta^{\theta P}-\beta\eta^{\theta Y})}{\beta(\eta^{\theta P}+\eta^{\theta w})} + \frac{(1-\gamma-\beta\eta^{\theta Y})-\eta^{\theta P}(1-\beta-\gamma)}{\beta(\eta^{\theta P}+\eta^{\theta w})}\frac{K}{m^F H}\right]\frac{dT}{T}$$

$$\frac{d\theta}{\theta} = \left(\frac{1-\gamma}{\beta}\frac{K}{m^F H} + \frac{\zeta^T}{\beta}\right)\frac{dT}{T}$$

$$\frac{dI}{I} = \frac{K}{m^F H}\frac{dT}{T} \tag{3-44}$$

式中，为了使结果更简洁明了，我们将结果里重复的表达用 K、H 和 ζ^T 表示：

$$K = (\eta^{\alpha T}+\eta^{\alpha G}\phi^f)m^F\beta(\eta^{\theta P}+\eta^{\theta w}) - \eta^{\alpha G}\phi^c m^F(\eta^{\theta P}+\eta^{\theta w}) + (1-\eta^{Yn})\beta(\eta^{\theta P}+\eta^{\theta w})\zeta^T - \eta^{\alpha G}\phi^f m^F\beta(\eta^{\theta P}+\eta^{\theta w})\zeta^T + (1-\eta^{\alpha P}-\eta^{\alpha G}\phi^f)(1+\eta^{\theta w}-\beta\eta^{\theta Y})m^F\zeta^T - \eta^{\alpha G}\phi^c(1-\eta^{\theta P}-\beta\eta^{\theta Y})m^F\zeta^T$$

$$H = \beta(\eta^{\theta P}+\eta^{\theta w})(1-\eta^{Yn}-\eta^{\alpha G}\phi^f) - \eta^{\alpha G}\phi^c(1-\gamma)(\eta^{\theta P}+\eta^{\theta w}) + (1-\eta^{\alpha P}-\eta^{\alpha G}\phi^f)[(1-\gamma-\beta\eta^{\theta Y})+\eta^{\theta w}(1-\beta-\gamma)] - \eta^{\alpha G}\phi^c[(1-\gamma-\beta\eta^{\theta Y})-\eta^{\theta P}(1-\beta-\gamma)]$$

$$\zeta^T = \frac{T}{1-T}$$

企业所得税率 T 的变动对整个宏观经济的影响是非常复杂的，不仅有对需求面的影响，也有对供给面的影响。

首先，企业所得税率 T 增加会通过 $\eta^{\alpha T} \leq 0$ 对总需求产生消极作用，总需求减少，间接地作用于宏观经济变量（分析同上）。

其次，企业所得税率 T 增加，会增加政府税收中企业所得税的比例 ϕ^f，降低消费所得税的比例 ϕ^c，影响分母 H，对企业所得税率影响宏观经济变量的效果产生一定影响。

最后，我们单独探讨企业所得税率 T 的变动对供给面的影响。我们暂时忽略企业所得税率 T 和政府财政支出 G 对总需求的影响，假定 $\eta^{\alpha T}=\eta^{\alpha G}=0$。为了简化分析，我们同时假定典型厂商是规模报酬不变的（$\beta+\gamma=1$），劳动力市场供给充足（$\eta^{\theta Y}=1$），且 $\eta^{\theta P}+\eta^{\theta w}>0$，式（3-44）简化为：

$$\frac{dY^n}{Y^n} = \left[\frac{2}{m^F} + \frac{(1+\eta^{\theta w}-\beta)(1-\eta^{\alpha P})}{\beta(\eta^{\theta P}+\eta^{\theta w})(1-\eta^{\alpha Yn})}\right]\xi^T\frac{dT}{T}$$

$$\frac{\mathrm{d}\theta}{\theta} = \left[\frac{1}{m^F} + \frac{1}{\beta} + \frac{(1+\eta^{\theta w} - \beta)(1-\eta^{\alpha P})}{\beta(\eta^{\theta P} + \eta^{\theta w})(1-\eta^{\alpha Y^n})}\right]\xi^T \frac{\mathrm{d}T}{T}$$

$$\frac{\mathrm{d}P}{P} = \left[\frac{(1+\eta^{\theta w} - \beta)}{\beta(\eta^{\theta P} + \eta^{\theta w})}\right]\xi^T \frac{\mathrm{d}T}{T}$$

$$\frac{\mathrm{d}w}{w} = \left[\frac{(1-\eta^{\theta P} - \beta)}{\beta(\eta^{\theta P} + \eta^{\theta w})}\right]\xi^T \frac{\mathrm{d}T}{T} \tag{3-45}$$

从以上的结果，我们可以看出，$\xi^T = T/1 - T$ 的值越大，表示政府征收的企业所得税率越高，则企业所得税率 T 的变动对整个宏观经济影响越大。此时，如果 $1 - \eta^{\theta P} - \beta = 0$，则可求得：

$$\frac{\mathrm{d}Y^n}{Y^n} > 0; \quad \frac{\mathrm{d}\theta}{\theta} > 0; \quad \frac{\mathrm{d}P}{P} > 0; \quad \frac{\mathrm{d}w}{w} = 0 \tag{3-46}$$

单纯考量企业所得税率提高对于供给面的影响，政府增加企业所得税率 T，企业需要分出更多的利润给政府，面对不变的总需求，企业需扩大生产，总产量和就业率水平增加，同时价格水平增加。

第五节 福祉分析

该部分主要是基于综观经济学的分析模型，对个人福祉与社会福祉进行分析。

一 个人福祉分析

个人的福祉受到多种因素的影响，比如个人消费、个人休闲、相对收入、环境质量、公共品供给等。[①] 在本节中，我们采用第二章中设定的个人福祉函数，假定个人福祉主要受个人消费、公共品消费和环境质量三个方面的影响。由于本章重点讨论的时候宏观经济政策对福祉的影响机制，我们假定环境质量这个变量为外生给定。对于本章分析的经济系统中的每个消费者，环境质量是相同

---

① Ng Yew-Kwang, "From Preference to Happiness: Towards a More Complete Welfare Economics", *Social Choice and Welfare*, Vol. 20, No. 2, 2003.

的。个人的福祉函数可表示为：

$$W = W(c, \varphi, \overline{E}) \tag{3-47}$$

式中，W 表示个人的福祉；c 表示个人实际消费；φ 表示政府提供的公共品的数量，$\overline{E}$ 表示环境质量，在本小节中为外生给定。我们假设，个人的福祉函数是个人实际消费量、公共品数量和环境质量的增函数。

个人实际消费的量是个人相对收入的函数，而政府的公共品供给的数量是由政府的财政收支状况决定的。我们将就业者与失业者的福祉分别表示为：

$$W^e = W^e \left(c^e \left[\frac{(1-t)w}{P} \right], \varphi, \overline{E} \right) \tag{3-48}$$

$$W^u = W^u \left(c^u \left[\frac{\overline{w}}{P} \right], \varphi, \overline{E} \right) \tag{3-49}$$

式中，W^e 表示就业者的福祉；c^e 表示就业者实际的消费量；W^u 表示失业者的福祉；c^u 表示失业者实际的消费量。就业者的收入是税后的工资收入 $(1-t)w$，而失业者的收入仅来源于政府的失业补贴 $\overline{w}$。并且，我们假设对于社会中的一员，他不管作为就业者还是失业者，其福祉函数的形式是相同的。在构建了个人的福祉函数之后，我们对就业者和失业者的福祉进行比较静态分析。

将式（3-48）全微分，并除以式（3-48）整理可得就业者福祉的比较静态的表达方程：

$$\frac{dW^e}{W^e} = \eta^{W^e c^e} \eta^{c^e r^e} \left(\frac{dw}{w} - \frac{t}{1-t} \frac{dt}{t} - \frac{dP}{P} \right) + \eta^{W^e \varphi} \frac{d\varphi}{\varphi} \tag{3-50}$$

式中，$\eta^{W^e c^e} > 0$ 表示就业者的实际消费量的增加促使其福祉的百分比增加；$r^e = (1-t)w/P$ 是就业者的实际收入；$\eta^{c^e r^e} > 0$ 表示就业者实际收入增加可增加的消费量，为了简化分析，我们假设就业者的实际消费量是其实际收入的线性函数，即 $\eta^{c^e r^e} = 1$；$\eta^{W^e \varphi} > 0$ 表示政府增加公共品的投入可使就业者的福祉增加。将式（3-50）进一步整理可得：

$$\frac{\mathrm{d}W^e}{W^e} = \eta^{W^e c^e}\frac{\mathrm{d}w}{w} - \eta^{W^e c^e}\frac{\mathrm{d}P}{P} - \eta^{W^e c^e}\frac{t}{1-t}\frac{\mathrm{d}t}{t} + \eta^{W^e \varphi}\frac{\mathrm{d}\varphi}{\varphi} \qquad (3-51)$$

从式（3-51）可看出，就业者福祉的变动主要受到三个因素的影响：首先，实际工资水平通过影响消费来影响就业者的福祉，如果名义工资水平和市场平均价格水平同比例变动，实际工资水平不变，就不会影响消费；其次，个人所得税率 t 增加会对消费产生消极影响，从而降低就业者的福祉；最后，政府增加公共品投入 φ 会对就业者福祉产生正向的影响。

另外，将式（3-49）全微分，并除以式（3-49）整理可得失业者福祉的比较静态表达方程：

$$\frac{\mathrm{d}W^u}{W^u} = -\eta^{W^u c^u}\eta^{c^u r^u}\frac{\mathrm{d}P}{P} + \eta^{W^u \varphi}\frac{\mathrm{d}\varphi}{\varphi} \qquad (3-52)$$

式中，$\eta^{W^u c^u} > 0$ 表示失业者的实际消费量的增加促使福祉的百分比增加；$r^u = \overline{w}/P$ 表示失业者的实际收入，$\overline{w}$ 表示政府的就业补贴，是政策变量，为外生给定的；$\eta^{c^u r^u} > 0$ 表示失业者实际收入增加与其消费的商品数量正相关，同样的，我们假设失业者的实际消费量是其实际收入的线性函数，即 $\eta^{c^u r^u} = 1$；$\eta^{W^u \varphi} > 0$ 表示政府增加公共品的投入也同样可增加失业者的福祉。将式（3-52）进一步整理可得：

$$\frac{\mathrm{d}W^u}{W^u} = -\eta^{W^u c^u}\frac{\mathrm{d}P}{P} + \eta^{W^u \varphi}\frac{\mathrm{d}\varphi}{\varphi} \qquad (3-53)$$

从式（3-53）可以看出，失业者福祉的变动主要受两个因素的影响。首先，由于失业者的名义收入 $\overline{w}$ 是外生给定的，市场平均价格水平增加，会减少实际收入，对失业者的消费产生消极影响，降低失业者的福祉；其次，公共品的消费 φ 会对失业者的福祉产生正向的影响。

由于我们假设就业者和失业者的福祉函数的形式是相同的，我们可以认为，如果就业者和失业者的消费量相同时，实际消费量增加对福祉的影响是相同的，即 $\eta^{W^e c^e}\big|_{c^e = c} = \eta^{W^u c^u}\big|_{c^u = c} > 0$；并且，政府提供的公共品数量的多少对就业者和失业者的福祉影响始终是相同的，即 $\eta^{W^e \varphi} = \eta^{W^u \varphi} = \eta^{W\varphi} > 0$。

二 社会总福祉分析

在个人福祉分析的基础上,我们将进一步探讨外生需求冲击对社会总福祉的影响机制。在此经济模型中,有 N^e 个就业者和 N^u 个失业者,典型就业者的个人福祉为 W^e,典型失业者的个人福祉为 W^u。传统的效用主义社会福祉函数把社会总福祉看作所有社会成员的福祉或效用的简单加总,任何社会成员的福祉都被平等对待,则社会总福祉的一般函数形式表示为:①

$$W = W(W^e, N^e, W^u, N^u) \quad (3-54)$$

第二章中,我们介绍社会总福祉可表示为社会中所有成员的福祉或效用的无权加总。我们采用第二章中所建议的社会福祉函数,将社会总福祉 W^s 表示为:

$$W^S = N^e W^e + N^u W^u = \theta \overline{N} W^u + (1-\theta)\overline{N} W^u \quad (3-55)$$

我们将式(3-55)全微分,除以本身,整理可得到社会总福祉的比较静态表达式:

$$\frac{dW^s}{W^s} = \psi^e \frac{dW^e}{W^e} + \psi^u \frac{dW^u}{W^u} + (\psi^e - \xi^\theta \psi^u)\frac{d\theta}{\theta} \quad (3-56)$$

式中,$\psi^e = N^e W^e / W^S \in (0,1)$ 表示所有就业者的福祉加总在社会总福祉中所占的比例,$\psi^u = N^u W^u / W^S \in (0,1)$ 表示所有失业者的福祉加总在社会总福祉中所占的比例;$\xi^\theta = \theta/1-\theta$ 表示就业率与失业率的比例,如果失业率为5%,$\xi^\theta = 19$。一般来说,$\psi^e - \xi^\theta \psi^u > 0$,就业率增加意味着在整个社会中就业者的人数增加,失业者人数减少,现实中,就业者的收入水平远高于失业者获得的政府补贴收入,就业者的实际消费量也远高于失业者的消费量,也就是说,就业率增加可增加社会总福祉。

我们将就业者与失业者的福祉表达式(3-52)和式(3-53)代入式(3-56),可得各宏观经济变量以及政策变量对社会总福祉

---

① Ng Yew-Kway, "Welfarism and Utilitarianism: Rehabilitation", Utilitas, Vol. 2, No. 2, 1990.

的比较静态影响：

$$\frac{\mathrm{d}W^s}{W^s} = \psi^e \eta^{W^e c^e} \frac{\mathrm{d}w}{w} - (\psi^e \eta^{W^e c^e} + \psi^u \eta^{W^u c^u}) \frac{\mathrm{d}P}{P} -$$

$$\psi^e \eta^{W^e c^e} \frac{t}{1-t} \frac{\mathrm{d}t}{t} + \eta^{W\varphi} \frac{\mathrm{d}\varphi}{\varphi} + (\psi^e - \xi^\theta \psi^u) \frac{\mathrm{d}\theta}{\theta} \quad (3-57)$$

其中，$\mathrm{d}\varphi/\varphi$ 表示政府提供的公共品的实际数量变动（排除了平均价格的影响）。由政府的财政收支平衡公式（$\mathrm{d}G/G = \mathrm{d}R/R$），我们可求出政府可用于供给公共品的财政支出的宏观影响因素表达式（3-37）。

从式（3-57）可以看出，对社会总福祉产生影响的有以下几个因素：①名义工资水平通过对就业者的消费产生积极影响（$\eta^{W^e c^e} > 0$），促使社会总福祉的提高，然而，在现实中，名义工资水平存在一定的黏性，变化很小；②市场平均价格水平增加会减少消费者（就业者和失业者）的实际收入水平，对消费者的消费产生消极影响，消费减少，进而降低社会总福祉；③个人所得税率 t 增加只对就业者产生影响，会减少就业者的实际收入，减少其消费，从而降低就业者的福祉；④政府增加公共品的供给 φ 可提高社会总福祉；⑤就业率 θ 的增加也会提高社会总福祉。

（一）总需求的外生变动

以下，我们以总需求的外生变动（如中国人民银行调整货币政策增加货币供应量以增加总需求，金融危机致使总需求减少等）为例，探讨外生性因素变动对社会总福祉的影响。我们重点探讨两个特殊的情况。

第一种特殊情况（$\eta^{\theta P} + \eta^{\theta w} \neq 0$，$\beta + \gamma = 1$，$\eta^{\theta Y} = 1$）：

我们将式（3-41）代入式（3-57），可得在此特殊情况下，总需求的外生变动对社会总福祉的影响如下：

$$\frac{\mathrm{d}W^s}{W^s} = \eta^{W\varphi} \frac{\mathrm{d}\varphi}{\varphi} + (\Psi^e - \xi^\theta \Psi^u) \frac{\mathrm{d}\theta}{\theta}$$

$$= \left[\eta^{W\varphi} \left(\frac{1}{\rho^\varphi} + \frac{\rho^u \xi^\theta}{\rho^\varphi} \right) + (\Psi^e - \xi^\theta \Psi^u) \right] \frac{1}{1 - \eta^{\alpha Y n} - \eta^{\alpha G}} \frac{\mathrm{d}\bar{a}}{a} \quad (3-58)$$

由上一节的分析,我们知道在此情况下总需求的外生增加会引起实际的经济扩张,而保持价格水平不变。由式(3-58)可以看出,总需求的外生增加可带来社会总福祉的增加。一方面,就业率的增加,在整个社会中失业者的数量减少,一部分失业者变为不再仅依靠政府失业补贴的就业者,消费水平增加,福祉增加,则社会总福祉增加;另一方面,总产出增加也将增加政府的税收收入,同时失业率减少意味着政府用于失业补贴的财政支出减少,也就能提供更多的公共品,促使社会总福祉的增加。

第二种特殊情况($\eta^{\theta P}+\eta^{\theta w}=0$,$\beta+\gamma=1$,$0<\eta^{\theta Y}<1$ 或者 $\eta^{\theta P}+\eta^{\theta w}=0$,$\beta+\gamma<1$,$0<\eta^{\theta Y}\leqslant 1$):

我们将式(3-42)代入式(3-57),可得在此特殊情况下,总需求的外生变动对社会总福祉的影响:

$$\frac{dW^s}{W^s}=\Psi^e\eta^{W^ec^e}\frac{dw}{w}-(\Psi^e\eta^{w^ec^e}+\Psi^u\eta^{W^uc^u})\frac{dP}{P}+\eta^{W\varphi}\frac{d\varphi}{\varphi}$$

$$=-\Psi^u\eta^{W^uc^u}\frac{dP}{P}+\eta^{w\varphi}\frac{d\varphi}{\varphi}$$

$$=\left[\frac{1-\rho^{\varphi}}{\rho^{\varphi}}\eta^{W\varphi}-\Psi^u\eta^{W^uc^u}\right]\frac{1}{1-\eta^{ap}-\eta^{aG}}\frac{d\bar{a}}{a} \quad (3-59)$$

由上一节的分析,我们知道在此情况下总需求的外生增加不会引起实际的经济扩张,只带来市场价格水平和工资水平的同步增长。由式(3-59)可以看出,在此情况下,总需求的外生增加对社会总福祉的影响是不确定的。一方面,总需求的外生增加促使价格水平和工资水平的增加,可使政府税收收入增加,进而增加公共品的投入,增加社会总福祉;另一方面,价格水平的增加会减少消费者的实际收入水平,因为在此特殊情况下,工资水平和价格水平同步增加,则主要是减少失业者的实际收入水平,减少失业者的福祉,最终带来了社会总福祉的减少。总之,在此情况下,总需求的外生增加对于社会总福祉的影响需要具体考虑两种影响的大小。

值得注意的是,如果在以上模型中,我们采用征收实际个人所得税,并实施实际失业补贴的政策,对于第二种特殊情况,总需求的外生变动对社会总福祉没有影响,表现为中性。

总之,政府如果希望通过改变经济总需求改变宏观经济变量的水平,首先,需要尽可能多地获知经济体的各种特性,估算出经济系统受到外生需求冲击之后的反应;其次,进一步估算出宏观经济变量改变之后对社会总福祉的不同影响,权衡各方面因素,以期达到社会总福祉最大化的目标。

(二)个人所得税率变动

在此以上分析基础上,我们进一步探讨政府增加个人所得税率 t 对社会总福祉的影响。我们仍旧重点考察两种特殊的情况。将式(3-43)代入式(3-57)可求得:

第一种特殊情况($\eta^{\theta P} + \eta^{\theta w} \neq 0$,$\beta + \gamma = 1$,$\eta^{\theta Y} = 1$)时社会总福祉的变动为:

$$\frac{dW^s}{W^s} = \eta^{W\varphi} \frac{d\varphi}{\varphi} + (\Psi^e - \xi^\theta \Psi^u) \frac{d\theta}{\theta} - \Psi^e \eta^{W e_c e} \frac{t}{1-t} \frac{dt}{t}$$

$$= \frac{\eta^{W\varphi} \phi^c}{\rho^\varphi} \frac{dt}{t} - \Psi^e \eta^{W e_c e} \frac{t}{1-t} \frac{dt}{t}$$

$$+ (\Psi^e - \xi^\theta \Psi^u) \frac{\eta^{\alpha t}}{1 - \eta^{\alpha Y n} - \eta^{\alpha G}} \frac{dt}{t}$$

$$+ \eta^{W\varphi} \frac{(1 + \rho^u \xi^\theta)}{\rho^\varphi} \frac{\eta^{\alpha t}}{1 - \eta^{\alpha Y n} - \eta^{\alpha G}} \frac{dt}{t} \qquad (3-60)$$

第二种特殊情况($\eta^{\theta P} + \eta^{\theta w} = 0$,$\beta + \gamma = 1$,$0 < \eta^{\theta Y} < 1$ 或者 $\eta^{\theta P} + \eta^{\theta w} = 0$,$\beta + \gamma < 1$,$0 < \eta^{\theta Y} \leq 1$)时社会总福祉的变动为:

$$\frac{dW^s}{W^s} = \eta^{W\varphi} \frac{d\varphi}{\varphi} - \psi^e \eta^{W e_c e} \frac{1}{1-t} \frac{dt}{t} - \psi^u \eta^{W u_c u} \frac{dP}{P}$$

$$= \frac{\eta^{W\varphi \phi^c}}{\rho^\varphi} \frac{dt}{t} - \psi^e \eta^{W e_c e} \frac{t}{1-t} \frac{dt}{t}$$

$$- \psi^u \eta^{W u_c u} \frac{\eta^{\alpha t}}{1 - \eta^{\alpha P} - \eta^{\alpha G}} \frac{dt}{t}$$

$$+ \eta^{W\varphi} \frac{1 - \rho^\varphi}{\rho^\varphi} \frac{\eta^{\alpha t}}{1 - \eta^{\alpha P} - \eta^{\alpha G}} \frac{dt}{t} \qquad (3-61)$$

通过对比式（3-60）和式（3-58），式（3-61）与式（3-59），我们发现，政府增加个人所得税率 t 对社会总福祉的影响机制包括四种途径。途径1是个人所得税率 t 增加直接减少就业者的实际收入，减少消费，进而减少就业者的总福祉。途径2是个人所得税率 t 的增加通过增加政府的税收所得，增加公共品的供给，增加社会总福祉。途径3是个人所得税率 t 增加通过 η^{ad} 对总需求产生消极影响，影响各宏观经济变量（既可能会减少实际总产量和就业率而不影响价格水平，也可能不影响实际变量只是降低价格水平和工资水平），宏观经济变量的改变再进一步通过改变相对收入水平或者就业率影响社会总福祉。途径4是个人所得税率 t 增加同样通过 η^{ad} 对总需求产生消极影响，影响各宏观经济变量，宏观经济变量的改变进一步减少政府对公共品的供给，对社会总福祉产生消极影响。

总之，政府增加个人所得税率 t 对社会总福祉的实际影响效果是不确定的，一方面，个人所得税率增加对消费产生消极影响；另一方面，个人所得税率增加可能增加公共品供给对社会总福祉产生积极作用。个人所得税率增加可通过减少总需求对整个宏观经济变量均产生影响，再进一步通过宏观经济变量的变动间接影响社会总福祉。因而，在现实中，政府在制定相关的经济政策时不应该错误地高估增加个人所得税率 t 的负面影响，需要权衡相对收入和公共品对福祉的作用效果，慎重考虑个人所得税率变动对社会总福祉的积极与消极的作用，确定更符合社会总福祉最大化的税率水平。

第六节 总结

综观经济分析模型是在全局均衡的分析模型基础上进行有效合理的简化，立足于综合考虑宏观经济变量影响的典型厂商的分析，可用于探讨宏观经济的外生冲击和政府的宏观经济政策变动对于重

第三章
综观经济学分析框架下的福祉分析

要宏观经济变量的影响机制。

在本章中,我们在 Ng① 综观经济分析基本模型的基础上进行拓展,首次在综观经济分析模型框架下进行福祉分析。我们采用综观经济分析基本模型中关于典型厂商的简化假设,构建了包括就业者、失业者、厂商、政府和工会组织的综观经济分析模型,并采用比较静态的分析方法,分别讨论三个总需求的外生影响因素(总需求的外生变动,个人所得税率变动和企业所得税率变动)对重要宏观变量的影响。通过模型分析,我们证明,在一定的条件下,总需求的外生增加可能促使经济产生实际的扩张,实际经济变量(总产出和就业率)增加,而保持价格水平不变;也可能仅带来价格水平的增加,而不影响实体经济。

在综观经济分析模型构建的基础上,我们进一步采用 Ng② 个人福祉函数的设定和 Ng③ 社会中各成员福祉的无权加总和表示的社会福祉函数,在综观经济模型框架下进行福祉分析。研究证明宏观经济政策的调整(如调整货币供应量、个人所得税率、企业所得税率等)会通过影响消费者的相对收入、公共品的数量、失业率等影响社会总福祉。我们建议政府在制定相关的宏观经济政策时将社会总福祉作为一项重要的准则,充分考虑政策调整可能对社会总福祉产生影响的各个方面。

---

① Ng Yew - Kwang, "A Micro - macroeconomic Analysis Based on a Representative Firm", *Economica*, Vol. 49, No. 194, 1982.

② Ng Yew - Kwang, "From Preference to Happiness: Towards a More Complete Welfare Economics", *Social Choice and Welfare*, Vol. 20, No. 2, 2003.

③ Ng Yew - Kwang, "Welfarism and Utilitarianism: A Rehabilitation", *Utilitas*, Vol. 2, No. 2, 1990.

第四章
综观经济学动态模型

在现有的综观经济学研究中，大部分都是采用静态模型并采用比较静态的分析方法进行研究，而很少有研究者采用动态化的综观经济模型进行分析。在第二章、第三章，我们对综观经济基础模型进行拓展，加入社会福祉分析的内容，并采用比较静态的分析方法探讨了宏观经济政策对社会福祉的影响机制。本章拟将综观经济学的静态模型初步拓展到动态模型，在模型中加入时间维度，构建动态化的综观经济学分析模型。

本章的内容组织如下：第一节介绍经济周期的理论发展和货币非中性的理论与现实依据，并提出本章研究的问题。第二节从综观经济学视角证明仅放松完全竞争的假设货币就可能在短期和长期均表现为中性的，且在一定的总产量范围内，经济体可能存在系列均衡的情况，根据系列均衡的结论对经济周期进行解释说明。第三节在综观经济分析法基本模型基础上，构建综观经济学动态模型，分析面对总需求的冲击，经济体的反应，以及所形成的经济周期的特点。第四节通过数值模拟的方法，对综观经济学动态模型的结果进行详细论述与讨论。第五节是对本章内容的总结。

第四章
综观经济学动态模型

第一节 引言

始于2007年8月的美国次贷危机的蔓延,大大超出了人们的预期,已经发展成为一场世界范围的金融危机,它不仅重创了美国金融与经济,也给全球金融体系和世界经济投下了一颗重磅炸弹,逆转了世界经济增长的强劲势头。同时,也促使众多学者开始对传统经济学进行反思[1][2],尤其是对宏观经济学货币中性的相关理论。

从19世纪末起至20世纪30年代,这个时期以马歇尔为代表的新古典学派占据西方经济学中的主流地位,他们认为供给会自动创造需求,否认经济周期的存在。在20世纪30年代经济大危机爆发前,以霍特里为代表的纯货币理论,将经济周期的根源归结为纯货币因素,认为经济周期是货币供给非均衡变动的结果。20世纪30年代爆发了席卷整个资本主义世界的经济大萧条,凯恩斯提出著名的有效需求决定就业量的理论,指出资本主义社会存在失业和萧条的原因是有效需求的不足。之后的经济学家对凯恩斯的理论进行了完善和发展,形成凯恩斯学派(Samuelson[3],Hicks[4]等)。同一时间,以哈耶克等为代表的奥地利学派,认为经济周期源于货币信用的膨胀对均衡结构的破坏。20世纪60—70年代的滞胀时期,出现了以弗里德曼为代表的基于适应性预期的货币主义经济周期理论和以卢卡斯为代表的基于理性预期的新古典宏观经济学周期理论。20

---

[1] Phelps, E. S., "Post-crisis Economic Policies", *Journal of Policy Modeling*, Vol. 32, No. 5, 2010.

[2] Davide Furceri and Annabelle Mourougane, "The Effect of Financial Crises on Potential Output: New Empirical Evidence from OECD Countries", *Journal of Macroeconomics*, Vol. 34, No. 3, 2012.

[3] Samuelson, P., "Interactions between the Multiplier Analysis and the Principle of Acceleration", *Review of Economic Statistics*, Vol. 21, No. 2, 1939.

[4] Dirksen, C. J. and Bussell, D. W., *A Contribution to the Theory of the Trade Cycle*, Oxford: Clarendon Press, 1950.

世纪七八十年代的石油危机时期,相应产生了真实经济周期理论,认为技术冲击、劳动力等供给因素是经济周期的根源,而货币变动内生于经济波动。为了完善凯恩斯经济学及其经济危机理论的微观基础,20世纪80年代,非均衡凯恩斯主义者将劳动和商品的名义价格刚性引进凯恩斯模型,形成新凯恩斯主义经济周期理论。[1][2][3]

从整个经济周期理论的发展可以看出,货币是不是中性的问题一直备受争议。古典学派的经济学家强调货币是中性的,货币供给只影响一般价格水平,而不会影响实体经济。他们将经济体机械地分成两个部门,实际部门和货币部门,生产要素之间的相互作用决定了各经济变量的实际值;在货币部门,货币的供给和需求以及流通速度(货币数量论)决定了各种经济变量的名义值(价格水平),形成传统的"货币面纱论"。这是因为,古典学派的理论支柱是瓦尔拉斯一般均衡,在相对价格迅速调整下所有商品市场和要素市场能够迅速出清,达到一般均衡。货币并不能引起相对价格变化,也就不能引起产出与就业等真实变量的变化。而当今主流的新古典经济学派,基于理性预期和市场出清的假设,同样认可古典学派的货币中性理论。他们认为,引起经济波动的并非货币因素,而是实际因素,比如个人和政府需求的随机变动,或者供给方面生产率或生产要素供给的变动。一般称为实际经济周期模型。

而真正指出货币对经济的巨大作用的人是凯恩斯。1936年凯恩斯发表了《就业、利息和货币通论》,他认为,货币通过利率传导,对有效需求的增加作用是巨大的,货币是非中性的,国家应制定适当的财政政策和货币政策,以克服经济危机和萧条。之后,凯恩斯学派借用古典黏性货币工资理论解释了由货币波动引起真实工资波

---

[1] 王悦:《西方经济周期与经济波动理论回顾》,《求索》2006年第10期。
[2] 张玉喜:《货币与经济周期:理论发展及其评述》,《当代经济研究》2010年第5期。
[3] 郭冠清、郭夏月:《经济周期理论的演变与最新进展》,《当代经济》2014年第17期。

动进而引起产出与就业波动的机制。

当前经济学的主流理论认为货币在短期是非中性的，但在长期是中性的。新凯恩斯主义学派以不完全竞争、不完善市场、不对称信息和相对价格的黏性为基本理论，认为货币是非中性的，并致力于寻找工资、价格黏性背后的原因。同时，以费里德曼为代表的货币学派也认为货币变化量会直接影响经济，无须通过利率传导，但货币对经济的影响是短期的，长期来看，货币是中性的。[①] 主流新古典经济认为在一个理性预期，没有时滞，没有信息误差的完全竞争的经济系统存在一个唯一的不会受到货币供给变动等总需求变动影响的实质均衡点，即货币是中性，除了极短期因为时滞，黏性等因素的影响，货币部门对实体经济产生了一定影响，长期来看，货币部门不会影响实体部门。

货币中性的理论结果意味着金融风暴对于实体经济没有重要影响，不会影响总产量、就业率等实体经济变量。也就是说，我们可以不必太担心金融危机的影响。然而事实却并非如此，金融机构在人们的生活工作中占据着相当重要的位置，2008年由次债危机引发的金融海啸，最终使国际经济笼罩在新的大萧条的阴影之中。从2000—2014年全球主要经济体GDP同比增长数据（见图4-1）可以很明显地看出，全球主要经济体的国内生产总值GDP增速在2007—2009年出现了明显的剧烈下滑，美国、日本和欧盟均出现了负增长。

2000—2019年全球经济失业率（季调）的数据（见图4-2）可看出，美国、日本和欧盟从2008年开始，国内的失业率均有不同程度的大幅度增加，美国的失业率在金融危机之前（2000—2007年）一直维持在5%左右，2008年的国际金融危机爆发之后，美国的失业率急速增加，到2009年10月甚至达到了10%的失业率。以

[①] 甘小军、王翚、玄立平：《古典货币非中性理论研究》，《经济问题》2013年第6期。

◇ 非传统全局均衡框架下的福祉分析

上现实的证据表明,货币部门的金融危机确实对实体部门造成了严重的影响,促使经济增长放缓,总产量减少,失业率增加。

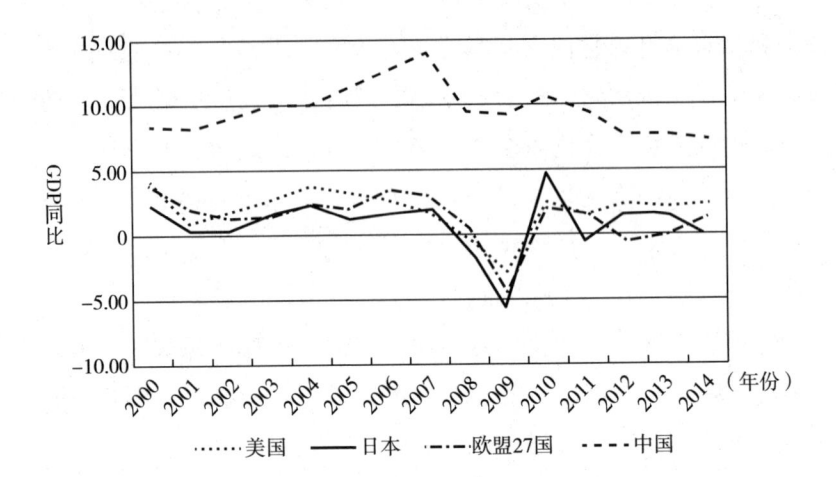

图 4-1 2000—2014 年全球主要经济体 GDP 同比

资料来源:世界银行。

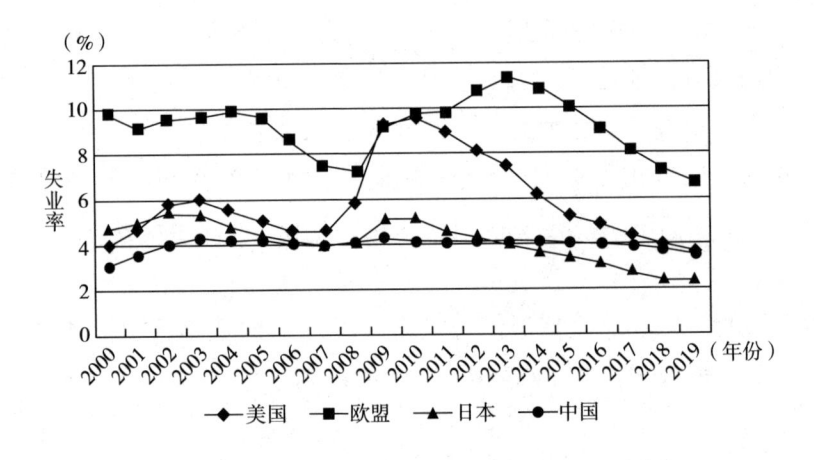

图 4-2 2000—2019 年全球主要经济体失业率

资料来源:世界银行。

在现代宏观经济学理论中,完美的市场均衡和完全竞争并不能推出这样悲惨的结论。这场席卷全球的经济危机再一次引发了经济学界的反思，这场危机反映了主流经济理论和方法的局限。货币中性的结论是建立在完全理想化的完全竞争假设之上的。完全竞争排除了产品的异质性和规模报酬递增的情况。在现实中，完全竞争是根本不存在的，在完全竞争假设下进行经济学分析讨论对于一些问题（比如对经济周期或萧条问题的解释等）很有局限。

Dixon 和 Rankin 仅放宽了完全竞争的假设，在非完全竞争状态进行宏观经济货币和财政政策的研究，仍旧得出了货币中性的结论。[①] 传统经济学认为，货币非中性在短期是存在的，因为经济运行时存在各种黏性和时滞，而长期货币仍是中性的。可能的原因是传统经济学者坚信经济系统只有一个均衡点，当货币供给发生改变的时候，均衡点并不会随之变动，因而得出货币中性的结论。然而，Ng 却通过综观经济分析法证明，即使没有价格黏性，菜单成本等各种黏性的影响，仅仅放松了完全竞争的这一个条件，货币就可能对实体经济在短期和长期均产生影响，货币非中性的结论在短期和长期均有效。

同时，Ng 还通过综观经济分析法发现了一个令人惊喜的结论：在非完全竞争市场的假设前提下，经济体在一定的总产量范围内可能存在系列均衡，货币供应量变动通过改变名义总需求，可能促使经济系统从一个均衡点移动到另一个均衡点，而不是收敛于一个均衡点。[②] 当市场中存在时滞调整，乐观或者悲观等情绪的影响，收入乘数效应等，就可能促使经济体向着扩张或者收缩的方向持续移动，并且超过系列均衡的边界。而此时持续的扩张或收缩可能促使成本或者需求的变动，而迫使经济体返回系列均衡状态，如此形成了经济周期。

---

① Dixon, H. D. and Rankin, N., "Imperfect Competition and Macroeconomics: A Survey", *Oxford Economic Papers*, Vol. 46, No. 387, 1994.

② Ng Yew Kwang, "Why Is Finance Important? Some Thoughts on Post - Crisis Economics", *The Singapore Economic Review*, Vol. 59, No. 5, 2014.

第二节 综观经济学视角解释经济周期

本小节从综观经济学的视角对货币非中性与经济周期的问题进行分析与解释。

一 货币非中性的综观经济学分析

在第二章的综观经济基本模型求解中，我们已经求解出单独考虑总需求外生变动对宏观经济的影响，如式（2-18）和式（2-19）所示。以下，我们采用综观经济模型求解的结果，说明仅仅放松完全竞争的这一条件，货币在短期和长期均可能表现为中性，也可能表现为非中性的，主要取决于经济系统自身内在的特性。货币在短期和长期都可能表现为非中性的，这也意味着货币会对实体经济产生影响，从理论上证明了金融危机对实体经济的巨大冲击。

我们主要分两种特殊情况进行讨论：①情况1为货币中性的情况，条件为 $1-\eta^{cP}=0$，$\eta^{cg}+\eta^{cY}-D>0$；②情况2为货币非中性的情况，其条件为 $1-\eta^{cP}>0$，$\eta^{cg}+\eta^{cY}-D=0$。

我们用图4-3来说明情况1。货币中性的情况（$1-\eta^{cP}=0$，$\eta^{cq}+\eta^{cY}-D>0$）。当总需求 α 外生增加 $x\%$，暂时忽略总需求的内生变动，此时如果典型厂商没有预期市场价格 $\hat{p}$ 产生变动，实际总需求 $A=(\alpha/\hat{p})$ 同时增加 $x\%$。对于典型厂商来说，我们假定需求曲线的弹性不会变化，此时典型厂商的需求曲线水平右移 $x\%$（从 dd 右移至 $d'd'$），同时边际收益曲线也右移 $x\%$（从 MR 右移至 MR'）。对于拥有向上倾斜的边际成本曲线（$\eta^{cq}>0$）或总产量增加促使边际成本曲线上移（$\eta^{cY}>0$）的典型厂商，利润最大化之后确定的生产价格 p 从 A 点移动至 B 点。由于典型厂商的代表性，典型厂商的价格 p 增加，意味着整个市场的平均价格水平 P 也同时增加，使典型厂商的需求曲线进一步向上移动。这又进一步促使典型厂商定价更高，市场平均价格水平 P 增加。另外，$\eta^{cP}=1$ 表明典型厂商的边际

成本曲线 MCC 上移的距离百分比和平均价格水平 P 增加的百分比是相同的。最终的均衡点为 E 点，此时，典型厂商的边际成本曲线和边际收益曲线均上移 $x\%$ 到 MC' 和 MR''，典型厂商的价格 p 和市场的平均价格水平 P 上涨 $x\%$，而典型厂商的产量 q 和市场总产量 Y 不变。在这种情况下，货币仍旧是中性的，总需求的外生增加仅促使市场平均价格增加，不会影响总产量。总需求的内生变动（通过 $\eta^{\alpha p}$ 和 $\eta^{\alpha Y}$）不会改变以上定性结果，只会影响总需求外生变动作用效果的大小。

由以上的分析可知，对于情况 1，总需求的外生变动（如国际金融危机的影响）会促使市场价格水平增加 $x\%$，而不改变总产量。如果 $\eta^{\alpha p}$ 大于 0，市场价格水平的增加又会进一步增加总需求，会加强总需求外生变动对市场平均价格水平的作用效果，类似于价格乘数效应。比如，$\eta^{\alpha p} = 0.5$，则达到最终的均衡时，市场平均价格水平增加 $2x\%$。

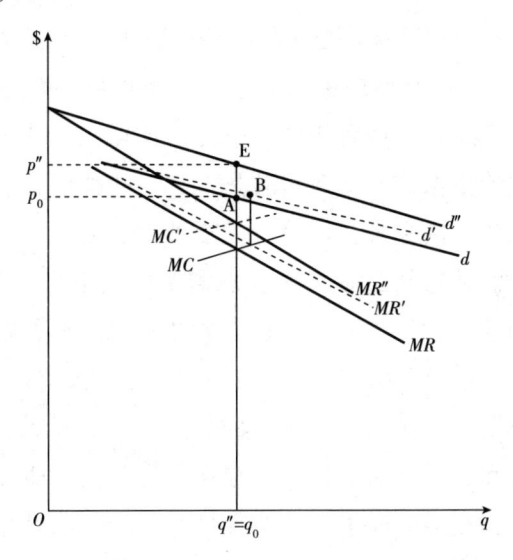

图 4-3　货币中性的情况[1]

---

[1] Ng Yew-Kwang, *Mesoeconomics: A Micro-macro Analysis*, London: Harvester, 1986, p. 19.

◇ 非传统全局均衡框架下的福祉分析

以下，我们再采用图 4-4 说明情况 2 货币非中性的情况（$1-\eta^{cp}>0$，$\eta^{cq}+\eta^{cY}-D=0$）。同情况 1，当总需求 α 外生增加 $x\%$，暂时忽略总需求的内生变动，如果典型厂商预期市场平均价格不会变化，则其需求曲线和边际收益曲线均右移 $x\%$（从 dd 右移至 $d'd'$，从 MR 右移至 MR'）。对于情况 2（$\eta^{cq}+\eta^{cY}-D=0$），此时典型厂商自身产量 q 和市场总产量 Y 变动使典型厂商边际成本的变动量恰好与实际总需求变动促使典型厂商边际收益的变动量相互抵消。其中特殊的情况是，如果实际总需求 $A=(\alpha/\hat{p})$ 的增加通过改变典型厂商需求曲线弹性而对边际收益 μ 不产生影响（$D=0$），并且边际成本曲线的斜率与总产量促使边际成本曲线的水平移动方向如图 4-4 中所示的三种情况之一：边际成本曲线为水平的（$\eta^{cq}=0$）并且不会上下移动（$\eta^{cY}=0$）；边际成本曲线是向上倾斜的（$\eta^{cq}>0$），总产量的增加会使其向下移动（$\eta^{cY}<0$），且刚好与 MCC 向上倾斜的影响抵消；边际成本曲线是向下倾斜的（$\eta^{cq}<0$），MCC 因总产量的增加而向上移动（$\eta^{cY}>0$），且刚好与 MCC 向下倾斜的影响抵消。则当总需求外生增加 $x\%$ 时，典型厂商新的边际收益曲线（MR'）和新的边际成本曲线（MC_1'、MC_2' 或者 MC_3'）相交于 E' 点，此时产量增加 $x\%$，而典型厂商的价格保持不变。也就是说，在此种情况下，货币是非中性的，增加货币供应量会促使总需求外生变动，并进一步促使总产量改变，对实体经济造成影响。总需求的内生变动会通过 $\eta^{\alpha Y}$ 进一步加强作用效果，类似于凯恩斯学派的收入乘数效应。

综上所述，我们采用综观经济分析方法证明，在一定条件下货币在短期和长期均可能表现为中性的。然而，主流经济学者却认为由于价格黏性和工资黏性等在短期存在，货币在短期表现为非中性的，比如由于存在菜单成本，调节价格有风险；厂商为了维护自身的信誉不会轻易降价；厂商面对的需求是非对称的等许多原因造成了名义价格黏性和实际价格黏性。但当价格黏性和工资黏性在长期减弱或消失后，货币在长期是中性的。综观经济分析方法不必采用完全竞争的假设，可得出与主流经济学者认为的货币在短期为非中

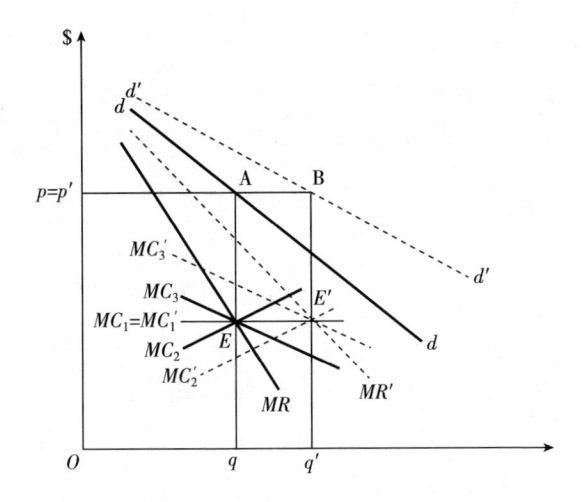

图 4-4 货币非中性的情况

性的但长期为中性的不同结论。货币非中性的结论与现实的状况——货币量的变动对实体经济的巨大影响，更加吻合。

综观经济分析模型中证明货币非中性的条件在现实中是很可能出现的。因为大多数的现代企业均存在固定成本，且固定成本的比例相对较大，可变成本的比例较小。因此，可以认为企业的边际成本的变化是很小的，甚至边际成本不变。也就是说，边际成本曲线 MCC 在一定产量范围内可能是水平的，且产量变动不会引起边际成本曲线 MCC 的移动。这也说明综观经济分析所采用的条件是可行的。

二 连续均衡的存在

主流的古典学派认为，在一个理性预期，完全信息，没有时滞等条件的完全竞争市场，存在唯一的均衡点。总需求的外生变动不会改变均衡状态，以此得到货币中性的结论。而 Ng[1] 和 Shi[2] 却采

---

[1] Ng Yew - Kwang, *Mesoeconomics: A Micro - macro Analysis*, London: Harvester, 1986, p. 19.

[2] Shi He - ling, "Continuum of Equilibria and Business Cycles: A Dynamic Model of Mesoeconomics", *The American Economic Review*, Vol. 82, No. 2, 1992.

◇ 非传统全局均衡框架下的福祉分析

用综观经济基本模型分析方法证明,如果满足一定的条件,经济体是存在连续均衡(短期或者长期)的。Ng[①]认为,仅仅将非完全竞争条件引进传统模型中就能改变货币非中性的结论,总需求的外生变动可能会对经济体造成实质影响,影响市场总产量和失业率,使经济体从一个均衡点移动到另一个均衡点。

综观经济学模型分析认为,市场存在连续均衡的两个条件可表示为:①$\eta^{cq} + \eta^{cY} - D = 0$,表明典型厂商由本身产量和市场总产量改变引起的边际成本的变动恰好与实际总需求变动导致的边际收益变动相互抵消($\eta^{cq} + \eta^{cY} = D$);②$1 - \eta^{cp} = 0$,表明典型厂商的边际成本与市场平均价格水平同比例变动。

Ng 证明,满足以上两个条件意味着典型厂商对市场价格的各种预期最终都会得到自我实现。[②] 当市场满足以上两个条件时,总需求外生增加 $x\%$,典型厂商如果预期市场平均价格 P 会随之增加 $x\%$,则其需求曲线会向上移动 $x\%$,最终均衡点时市场平均价格 P 增加 $x\%$,印证厂商对市场平均价格的预期(如上一小节中情况 1 货币中性的分析);如果典型厂商预期市场平均价格 P 保持不变,则其需求曲线会右移 $x\%$,最终均衡点时市场平均价格 P 保持不变,产量增加 $x\%$,也印证了对市场价格的预期(如上一小节中情况 2 货币非中性的分析)。因此,当市场满足以上条件($1 - \eta^{cp} > 0$,$\eta^{cq} + \eta^{cY} - D = 0$)时,总需求的外生冲击是造成总产量增加而保持价格水平不变,还是总产量保持不变而价格水平增加,主要依赖于厂商对市场价格水平的预期。如果典型厂商未预期市场价格改变,则市场可能出现平均价格保持不变仅总产量增加的状况;而如果典型厂商预期市场价格会因为总需求的变动而改变,则最终也可能出

[①] Ng Yew Kwang, "Why Is a Financial Crisis Important? The Significance of the Relaxation of the Assumption of Perfect Competition", *International Journal of Business and Economics*, Vol. 8, No. 2, 2009.

[②] Ng Yew-Kwang, *Mesoeconomics: A Micro-macro Analysis*, London: Harvester, 1986, pp. 38–42.

现市场平均价格水平的增加而总产量不变的状况。也就是说，长期菲利普斯曲线可能是水平的，或者垂直的菲利普斯曲线可能水平移动。这样的不确定性也就意味着，一个微小的冲击可能造成经济在系列均衡上移动。

我们采用下图简单地说明，外生总需求增加可能造成经济体实际扩张。也就是说，货币非中性的情况。如图4-5所示，最初的均衡点为A点，面对总需求α外生增加，如果典型厂商预期市场平均价格不会变化，则典型厂商的需求曲线水平右移（从d右移至d′）。相同价格水平需求曲线d′比d的弹性更强，即在相同价格水平下典型厂商的边际收益更多。新的边际收益曲线与向上倾斜且向上移动的边际成本曲线，最终相交于均衡点B点。此种状态表明产量增加所造成的边际成本增加恰好与边际收益的增大相互抵消。在新的均衡点，典型厂商的产量增加至q′，而价格保持不变。也就是说，总需求的外生增加，可能促使总产量增加，而平均价格水平保持不变，对实体经济造成影响。

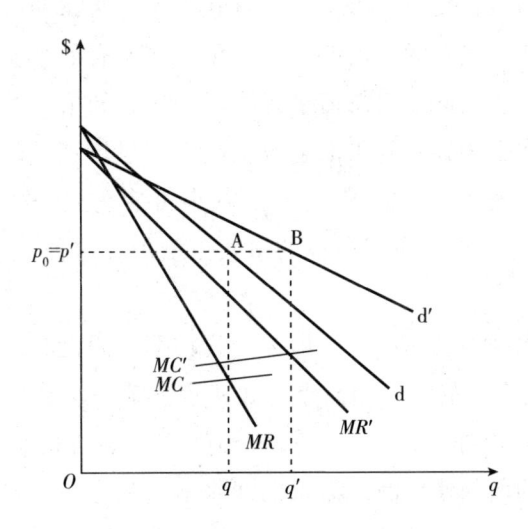

图4-5 总需求冲击造成经济体系列均衡的图示说明

当然，如果以上分析的条件在现实中不可能存在，那么我们的研究也就没有实际意义。在现实状态下，由于固定成本的影响，厂商的边际成本很可能是变化很小或者不变的。并且，由于厂商无法获得对市场的完全信息，而市场价格又存在不确定性风险，厂商可能根据所掌握的部分市场资讯，包括过去的市场价格水平对当期市场的价格水平进行预期。因此，在一定的条件和范围内，厂商预期市场价格水平不变的情况是可能存在的。综合考虑各方面因素，在现实中，经济系统存在系列均衡的条件是可能存在的。因此，总需求的外生冲击很可能促使经济系统在系列均衡范围内移动，从一个均衡点移动至另一个均衡点，仅产出水平变动而保持价格水平不变。

三 经济周期的综观经济模型解释

综观经济模型证明在一定条件下，市场存在系列均衡。货币供应量增加促使总需求的增加，企业的决策者如果是货币主义者，他们相信货币供给的增加会使市场价格水平同比例增加，这种情况下，货币供应量增加不会产生实质的影响，只会使价格水平增加。然而，并非所有促使总需求变动的方式都必然与预期市场价格水平增加有关，比如消费倾向的改变等，也并非所有的企业家都是完全的货币主义者。因此，当总需求外生增加时，如果厂商没有预期市场平均价格水平增长，就可能造成实际总产量增加，而价格水平保持不变。也就是说，总需求的增加/减小可能造成经济体的实际扩张/收缩。市场中存在价格黏性的事实也增加了这种实际扩张/收缩的可能性。

如图 4-6 所示，EE' 之间即为系列均衡。假设经济稳定地运行于 EE' 系列均衡中的某一均衡点，如 A 点。某一时刻 t^* 时刻，经济受到正向总需求冲击，由于厂商未预期市场的价格水平会产生变动，总需求的增加使厂商的需求曲线水平右移。如果典型厂商满足系统均衡的条件，则总需求增加可能造成实际扩张（市场价格水平保持不变，而总产量增加）。也就是说，经济体在 EE' 的范围内可能会向实际扩张方向移动。

第四章
综观经济学动态模型

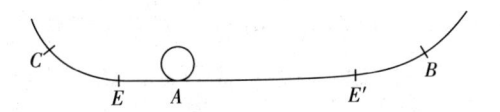

图4-6 系列均衡图示

当市场中同时存在收入的乘数效应、滞后调节、乐观或者悲观的情绪影响等，会造成厂商预期的市场总需求水平不断增加，会促使经济体不断向实际扩张/收缩的方向不断移动，即总产量不断增加，而市场价格水平保持不变。当经济系统超出系列均衡的边际，到达 B 点，此时市场已经不能满足系列均衡的条件。产量的增加超过了一定范围，对劳动力的需求过度膨胀，厂商会迫于工会组织的压力，不得不提高工人的工资水平，使厂商的边际成本增加。如图4-7所示，当典型厂商的产量超过系统均衡的范围（如图中 E' 点），边际成本不再保持不变，将增加。产量超过 q' 之后，边际成本曲线变为向上倾斜的曲线。此时，总需求的增加（未预期市场价格水平发生改变）会促使利润最大化的厂商重新定价，厂商的价格水平增加（从 p 增加至 p'），并影响整体市场，市场的平均价格水平也将增加。

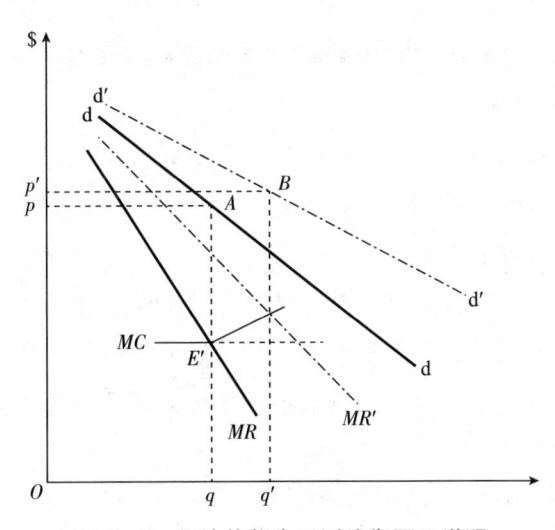

图4-7 经济体超出系列均衡图示说明

此时，有几种力量将影响宏观经济变量（平均价格水平和总产量）的变动方向。一方面，典型厂商预期市场平均价格水平增加将会造成厂商需求曲线的顺时针旋转，其解释见 Ng（1992）。[①] 如图 4-8 所示，当预期市场的平均价格水平增加，而名义总需求不变时，典型厂商预期需求曲线将从 d 旋转至 d′，这也使边际收益曲线的相应旋转至 MR'。这种情况下，即使典型厂商面对的边际成本不变，也将减少产量。

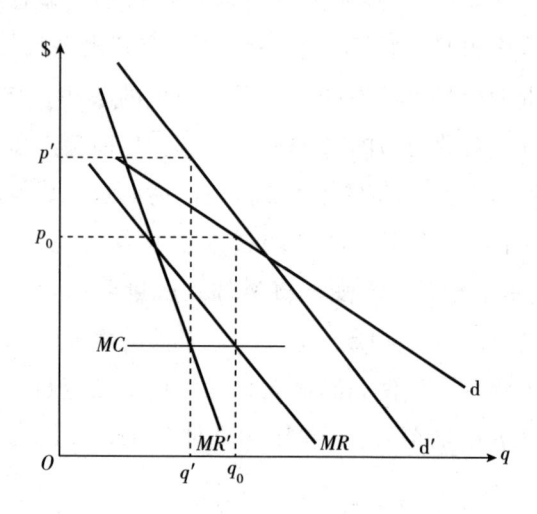

图 4-8 需求曲线和边际收益需求扭转的情况

另一方面，由于存在滞后调节，前期更高的收入水平会引致当期更多的消费与投资需求，也就是说，实际总需求增加的趋势仍旧会促使总产量继续增加。

这两股力量共同作用，当产量刚超过系统均衡的范围，总产量增加的趋势占主导，总产量继续增加。然而，由于存在价格增加之后需求曲线扭曲导致的总产量减小的趋势，表现为总产量增加的趋

---

① Ng Yew-Kwang, "Business Confidence and Depression Prevention: A Micro-macroeconomic Perspective", *Mathematical Social Sciences*, Vol. 25, No. 1, 1992.

势放缓。

总产量增加会进一步促使典型厂商的边际成本增加，边际成本的累计作用使市场平均价格水平进一步上升。最终，促使总产量减少的力量逐渐占优，经济体向回移动，并再次进入系列均衡的范围内。

此时，市场再次由于滞后调节，投资减速等作用使总需求不断减少，总产量不断减少，又将超过系统均衡的下限范围。市场再一次自我调节，边际成本降低，使市场价格水平下降，进而产生促使总产量和实际总需求增加的力量。当促使总产量增加的作用占据主导地位时，总产量再一次增加，如此往复，形成了经济周期。

我们采用如同"碗"形的形状（见图4-6），简单地示意经济存在从扩张到收缩再到扩张的这种运行方式。当然，经济体的实际运行不是简单地沿着BC点之间运动。经济体的实际运行轨迹将受到各种因素的影响，比如EE'点系列均衡的范围，BC点的具体位置，不断动态改变的碗的形状大小。可能的原因包括：①在实际的经济运行环境中，经济体受到各种预期不到的内生与外生的冲击；②消费者的偏好与收入水平不断变化，厂商的需求弹性也不断变动；③技术进步造成的生产率的变化；④工会组织的垄断力、谈判能力的不同；⑤政策因素的影响等。

第三节　基本综观经济学动态模型构建

本节中，我们在综观经济基本模型基础上，构建了一个综观经济分析的动态模型。假定经济中包含一个代表性家庭，一个代表性厂商（每个厂商生产一种商品），模型具有充分的对称性，代表性厂商既生产最终消费品，又作为中间品生产厂商供应中间品。在短期，我们可认为厂商数目是固定的，不会随时间变动，即$K_t = K$。下面，我们进一步描述不同主体的行为。

一 典型厂商

根据以上章节对典型厂商的分析，我们假定市场中存在典型厂商，该厂商可近似地代表整个市场或者整个产业。在本章节中，我们用典型厂商代表整个经济体。

在一个非完全竞争的市场中，典型厂商生产非同质性商品。t 期的初始时刻，典型厂商需进行生产决策。根据综观经济学静态模型的设定，厂商的需求充分考虑了市场宏观环境的影响。t 期的初始时刻，厂商无法准确知道 t 期整个市场的价格水平和总需求水平，则厂商的生产决定是在其对 t 期的宏观环境进行预期的情况下进行的。因而，典型厂商感知的需求函数可表示为，典型厂商的数量需求是其自身价格水平，预期的市场平均价格水平，预期的名义总需求和厂商数目的二次函数：

$$q_t = f(p_t, \hat{p}_t, \hat{\alpha}_t, K) \qquad (4-1)$$

式中，q_t 表示典型厂商在 t 期的感知需求，在均衡状态时，典型厂商的感知需求等于实际需求，并恰好等于其产量。p_t 表示典型厂商在 t 期的定价。$\hat{p}_t$、$\hat{\alpha}_t$ 和 K_t 分别表示整个市场在 t 期预期的市场平均价格水平，预期的市场名义总需求和厂商数量。均衡状态时，预期的市场平均价格水平恰好等于实际的平均价格水平。

根据综观经济基本模型的设定，典型厂商的需求曲线是对 p_t、$\hat{p}_t$、$\hat{\alpha}_t$ 的零次齐次函数，即在 t 期，如果名义总需求和所有价格同比例变动，对典型厂商的数量需求保持不变。则典型厂商在 t 期的数量需求由厂商自身价格水平与预期的相对价格，预期的实际总需求（$\hat{A}_t = \hat{\alpha}_t/\hat{p}_t$）和厂商数目决定。如果所有价格和厂商数目 K_t 均固定，仅预期的实际总需求增加 $x\%$，典型厂商的需求也必定会增加 $x\%$，否则该厂商无法作为代表整个市场的典型厂商。为了简化分析，在本模型中我们采用 Cobb – Douglas 形式的需求函数：

$$q_t = \left(\frac{p_t}{\hat{p}_t}\right)^{-u_t}\left(\frac{\hat{\alpha}_t}{K_t\hat{p}_t}\right) = \left(\frac{p_t}{\hat{p}_t}\right)^{-u_t}\left(\frac{\hat{A}_t}{K_t}\right) \qquad (4-2)$$

式中，$\hat{A}_t$ 表示典型厂商对市场 t 期实际总需求的预期；q_t 表示典型厂商对最终产品的需求；$-\mu_t = (\partial q_t/\partial p_t) p_t/q_t > 1$ 表示需求的价格弹性。采用此形式的需求函数满足综观经济分析模型中对于典型厂商需求函数的所有设定。在每一期，典型厂商的产量都等于其需求，也就是说，不存在产能利用不足的状态。

典型厂商在成本和生产函数约束下，面对市场的需求，最大化其利润，表示为：

$$\max \prod_t = p_t q_t - C_t \tag{4-3}$$

式中，$\prod_t$ 表示典型厂商的总利润，C_t 是典型厂商的总成本。求解此典型厂商利润最大化方程的一阶条件为：

$$\left(1 - \frac{1}{\mu_t}\right) p_t = c_t \tag{4-4}$$

式中，c_t 表示典型厂商的边际成本。在典型厂商的可变成本中，劳动者的工资是非常重要的。现实中，一般来说工资是由雇用合同规定的，在合同期限内，劳动者需根据他预期的价格水平计算出来的工资提供劳动，即使在此期间实际的价格水平有所变动，劳资双方也必须遵守合同中规定的工资水平。也就是说，工资在合同的存续期是不会变的。同时，社会中工会在劳动市场上具有垄断力量，加入工会的工人的工资主要不是由劳动市场供求均衡决定的，而是由工会领导人与雇主之间的集体谈判决定的，根据现代工会理论证明，在合理的就业率范围内，效用最大化的工会一般会选择固定工资率，而任由就业率水平波动。[①] 众多理论模型和实证研究均证明，在一定的就业率范围内，名义工资黏性是存在的。[②] 而如果市场的融资环境宽松，在一定的产量范围内，融资成本也可能保持不变。因而，在一定产量范围内，假设典型厂商的边际成本保持不变是合理的。

[①] Mcdonald I. M. and Solow R. M., "Wage Bargaining and Employment", *American Economic Review*, Vol. 71, No. 5, 1981.

[②] Holden S. and Wulfsberg F., "Wage Rigidity, Inflation, and Institutions", *Scandinavian Journal of Economics*, Vol. 116, No. 2, 2014.

然而，如果就业率超出合理范围的上限，劳动力市场对于劳动力的需求过度增加，工会组织会会要求厂商提高工资水平。同时，实体经济发展也会增加对资本的需求。由明斯基的"金融不稳定假说"，我们知道随着投资水平的上升，贷款人会觉察到贷款的风险，也就是凯恩斯所谓的"贷款人风险"增加，并要求这种高风险得到补偿，因此融资成本也会上升。

如果就业率低于合理范围的下限，高失业率将拉低名义工资，一个理性的工会将调低目标工资水平，以避免过多的裁员。并且，为了避免经济的衰退，政府一般会采取宽松的货币政策，比如降低准备金率和贷款利率等，从而降低了企业的融资成本。

根据以上对现实状况的分析，我们参照 Shi[①] 在其文中对边际成本的设定，假设一个更符合现实的边际成本函数关系——边际成本的变化与厂商产出缺口呈正相关关系。典型厂商的边际成本调整有一定的滞后性，表现为典型厂商生产决策时可观测到的产量是滞后一期（$t-1$ 期）的，则边际成本的表示如下：

$$c_t = \begin{cases} c_{t-1} & q_{t-1} \in (q^l, q^h) \\ c_{t-1} + \gamma^h (q_{t-1} - q^h)/q^h & q_{t-1} > q^h \\ c_{t-1} + \gamma^l (q_{t-1} - q^l)/q^l & q_{t-1} < q^l \end{cases} \quad (4-5)$$

式中，c_t 表示典型厂商在 t 期的边际成本；c_{t-1} 表示典型厂商在 $t-1$ 期的边际成本；$\gamma^h > 0$ 表示当 $q_{t-1} > q^h$ 时边际成本曲线的斜率；$\gamma^l > 0$ 表示当 $q_{t-1} < q^l$ 时边际成本曲线的斜率。为了简化分析，我们在此并不单独将价格水平对于边际成本的影响在模型中表现出来，而是通过前一期的边际成本对当期成本的影响部分地体现价格对边际成本的影响。

从式（4-5）可以看出，当典型厂商的产量 q_t 在一定的范围内 (q^l, q^h) 时，$\eta^{cq} + \eta^{cY} = 0$，特殊的情况可能是典型厂商的边际成本

[①] Shi He-ling, "Continuum of Equilibria and Business Cycles: A Dynamic Model of Mesoeconomics", *The American Economic Review*, Vol. 82, No. 2, 1992.

第四章 综观经济学动态模型

曲线为水平的，且不产生上下移动。同时，由于本模型中设定的需求函数的需求弹性不变，即 $D=0$。因此，在该产量范围（q^l, q^h）内，经济体满足系列均衡存在的条件，经济体存在系列实际均衡，如图 4-4、图 4-5 所示。

当经济体所面对的总需求增加时，如果典型厂商预期市场平均价格水平不会发生改变，需求曲线水平移动，最终带来实际产量的增加，而市场平均价格水平不变，同时印证了对于平均价格水平的预期。在该产量范围（q^l, q^h）内，每一个点市场都是均衡状态。而当典型厂商的产量 q_t 超出产量范围，$q_t > q^h$ 或者 $q_t < q^l$，此时典型厂商的边际成本不再保持不变（$\eta^{cq} + \eta^{cY} > 0$）。

在均衡状态下，由于典型厂商的特殊性，典型厂商的价格 p_t 恰好等于市场的平均价格水平 p_t，否则该厂商就不是典型厂商。表示为：

$$p_t = P_t \tag{4-6}$$

根据综观经济分析模型对典型厂商需求函数的假定，厂商的需求与其对于市场平均价格水平的预期相关，厂商在 t 期的初始时刻是按照其对 t 期市场需求的预期安排生产的。厂商对于 t 期的市场价格水平的预期对于厂商 t 期的产量有直接的影响。

Ng 证明，在一定的条件下，厂商对市场价格水平的预期会最终自我实现，即市场实际价格水平等于厂商对于市场价格水平的预期。在本章所构建的综观经济学动态模型中，如果经济体满足系列均衡的条件处于系列均衡的状态，则根据 Ng 的证明，此时典型厂商也同样满足对于市场平均价格水平的预期会自我实现的条件。[1]当然，如果超过了系统均衡的边界，不再满足能使预期市场价格水平自我满足的条件，市场的平均价格水平不再必然等于预期的市场平均价格水平。厂商 t 期初始时刻 $t = [t, t+1)$，会根据 $t-1$ 期结

---

[1] Ng Yew-Kwang, *Mesoeconomics：A Micro-macro Analysis*, London：Harvester, 1986, pp. 38-42.

束时所有可获知的信息集合 I_{t-1}，包括 $t-1$ 期的市场实际价格水平，对于 t 期市场平均价格水平进行预期，表示为 $\hat{p}_t$。在此模型中，我们假设厂商对于市场价格水平的预期是以下简单且适合的预期模式：

$$\hat{P}_t = P_{t-1} \tag{4-7}$$

式中，$\hat{P}$ 表示厂商 t 期初始时刻对 t 期市场平均价格水平的预期；P_{t-1} 表示 $t-1$ 期市场的实际平均价格水平。

在均衡状态下，市场的总产量为所有厂商的最终消费品产量的加总，则：

$$Y_t = K_t q_t \tag{4-8}$$

式中，为了研究问题的简化，在短期，我们假定 $K_t = K$ 为外生给定的常数，不随时间变动。

二 实际总需求

总需求是指一个国家或地区在一定时期内（通常 1 年）由社会可用于投资和消费的支出所实际形成的对产品和劳务的购买力总量。对一个开放的经济系统，实际总需求包括了四个部分：消费需求、投资需求、政府投资和净出口。而对一个封闭的经济体，实际总需求只包括消费需求、投资需求和政府投资。在本模型中，典型厂商对 t 期市场的实际总需求进行合理预期，可表示为如下形式：

$$\hat{A}_t = C_t + I_t + G_t \tag{4-9}$$

式中，$\hat{A}_t$ 表示对实际总需求的预期；C_t 表示消费；I_t 表示投资；G_t 表示政府投资。

三 有时滞的实际总需求

作为宏观经济学的重要组成部分的消费函数理论，最早由凯恩斯在《就业、利息和货币通论》[①] 中提出来，认为总消费是实际绝对总收入的线性函数，收入增加会引起消费的增加。消费增加的速度不如收入增加的速度，即边际消费倾向大于零小于 1，且边际消费倾向递减，称为绝对消费理论。参照萨缪尔森乘数—加速模型对

---

① [英] 凯恩斯：《就业、利息和货币通论》，华夏出版社 2005 年版。

第四章
综观经济学动态模型

于消费函数的设定[①],在本模型中,我们采用一期延迟的凯恩斯消费函数,即 t 期的消费是 $t-1$ 期收入的固定比例函数:

$$C_t = \alpha Y_{t-1};\ 0 < \alpha < 1 \qquad (4-10)$$

式中,C_t 表示 t 期的消费;α 为大于零小于 1 的常数,表示 $t-1$ 期收入的边际消费倾向,这相当于综观经济基本模型中 $\eta^{\alpha Y}$;Y_{t-1} 表示 $t-1$ 期收入。

针对投资需求的假设,我们假设投资需求由资本存量的调整过程决定。以 Jorgenson 为代表的新古典(Neoclassical)投资理论描述了稳定状态下的理想资本水平及其决定因素之间的关系,他们认为理想固定资本取决于两个因素:产量和资本的使用成本。[②] 产量越高,理想固定资本水平越高;固定资本的使用成本越高,固定资本需求水平就越低。资本的使用成本包含三个因素:实际无风险利率、固定资产的折旧率和投资品的价格。在现实世界,我们探讨的是投资决策的动态过程,经济个体不断根据新的信息重新优化以得出新的理想状态,然而由于存在交易成本和未来的不确定性,经济个体不可能随时随地进行调节以使自己时刻保持在理想状态。事实上,只有当偏离理想状态对于经济个体利益的损害大于调节自己的投资所承担的成本和风险时,经济个体才会进行调整。[③] 考虑到价格黏性,我们假定资本的价格是固定的,产品市场的调节存在时滞性,则理想的资本水平可表示为以下线性形式:

$$K_t^* = b_1 Y_{t-1} - b_2 r_t;\ b_1 > 0,\ b_2 > 0 \qquad (4-11)$$

式中,K_t^* 表示 t 期理想状态的资本存量水平;b_1 表示 $t-1$ 期的收入水平对于 t 期理想状态的资本存量的影响;Y_{t-1} 表示 $t-1$ 期的收

[①] Matsumoto, A. and Szidarovszky, F., "Nonlinear Multiplier – accelerator Model with Investment and Consumption Delays", *Structural Change and Economic Dynamics*, Vol. 33, No. jun, 2015.

[②] Jorgenson, D. W., "Capital Theory and Investment Behaviour", *American Economic Review*, Vol. 53, No. 2, 1963.

[③] 王端:《现代宏观经济学中的投资理论及其最新发展》,《经济研究》2000 年第 12 期。

入水平；b_2 表示 t 期的实际利率水平对 t 期理想状态的资本存量的影响；r_t 表示 t 期的实际利率水平。

研究发现，投资不仅依赖于现期的理想资本水平，同时也与过去的理想资本水平有密切关系。也就是说，投资的量是由经济个体试图将自身的资本存量调整至理想状态的最优资本存量的速度快慢决定的。则 t 期的引致投资水平可表示为：

$$I_t = K_t^* - K_{t-1}^* = b_1(Y_{t-1} - Y_{t-2}) - b_2(r_t - r_{t-1}) \quad (4-12)$$

式中，投资量与滞后一期的收入水平的变动正相关，与实际利率水平的变动负相关。值得注意的是，如果式（4-12）中投资水平对于利率的变动不敏感（$b_2 = 0$），则该式就变为标准的加速模型，此时 b_1 就表示边际投资倾向。

对于实际需求函数的第三个组成部分政府支出，我们假定其为固定值，即 $G_t = \overline{G}$。在基本模型设定时，为了模型的简化，我们暂且假定实际利率水平对于投资水平的影响很小，忽略不计（$b_2 = 0$）。我们假定典型厂商依照式（4-13）所示对于 t 期市场的实际总需求进行合理的预期：

$$\hat{A}_t = aY_{t-1} + b_1(Y_{t-1} - Y_{t-2}) + \overline{G} + \varepsilon_t = (a+b_1)Y_{t-1} - b_1Y_{t-2} + \overline{G} + \varepsilon_t \quad (4-13)$$

式中，ε_t 表示 t 期的初始时刻经济系统受到的外生需求冲击。

第四节 动态模型结果讨论

这一节，我们重点探讨不同的冲击可能引发的经济周期的不同形态。

在本模型中，我们暂不考虑技术进步和人口增长等因素导致的自发性需求的影响。当考虑技术进步和人口增长等因素时，总产量将呈现出向上倾斜的趋势，而本模型中系统均衡的产量范围也会随之变动。为了模型分析更具有针对性，我们在本节仅探讨去除了经济增长趋势之后的经济波动状态。

我们假定 t 期之前,经济系统未受到外生冲击的影响,处于稳定的均衡运行状态,此时市场价格水平和总产量水平保持不变,分别为 $\overline{P}$ 和 $\overline{Y}$,且典型厂商的产量 $\overline{Y}/K$ 在一定的范围 (q^l, q^h) 内。我们可以通过动态模型求解得到如果没有外生冲击的影响,总产量等于实际总需求 ($Y_t = A_t$)。结合有时滞的实际总需求表达式(4-13),可得到总产量的动态变动表达式:

$$Y_t - (a + b_1)Y_{t-1} + b_1 Y_{t-2} = \overline{G} \quad (4-14)$$

由此,我们可求得长期均衡时的总产量水平为:

$$\overline{Y} = \frac{\overline{G}}{1-a} \quad (4-15)$$

式中,$0 < a < 1$。如果长期没有外生冲击,经济趋于稳定的均衡状态 $\overline{Y}$。我们假设 t 期之前,经济处于长期均衡状态 $\overline{Y}$。$t = t^*$ 期的初始时刻经济系统受到外生需求冲击(短暂冲击/永久冲击)ε_t 的影响,使总需求水平短暂或者持续地增加,经济体偏离长期均衡状态 $\overline{Y}$。

如果经济体由于需求冲击而引起的产量波动仍保持在系统均衡的范围内时,即典型厂商的产量在 (q^l, q^h) 范围内,则市场表现为实际扩张/收缩,价格水平保持不变。并且由于存在滞后影响,前期的收入水平会对后期的总需求产生影响,从而影响后期的总产量,经济不再保持稳定的均衡状态。只要经济体未超出系列均衡的产量范围,经济体仅表现为从一个均衡点移动至另一个均衡点,其特性由线性二阶差分方程式(4-16)的特征方程决定:

$$\gamma^2 - (a + b_1)\gamma + b_1 = 0 \quad (4-16)$$

求解此特征方程,其特征根为:

$$\lambda_{1,2} = 1/2(a + b_1) \pm 1/2\sqrt{(a + b_1)^2 - 4b_1} \quad (4-17)$$

由特征方程的特性我们知道,该特征方程的判别式为 $\Delta = (a + b_1)^2 - 4b_1$。针对此特征方程,①如果 $\Delta = (a + b_1)^2 - 4b_1 > 0$,则总产量 Y_t 不会形成周期性振荡。在这种情况下,如果 $b_1 > 1$,则受冲击以致经济系统偏离长期均衡,总产量 Y_t 将沿着偏离长期均衡的方向不断远离长期均衡；如果 $0<b_1<1$，则偏离长期均衡之后，总产量 Y_t 不断波动，最终逐步趋向长期均衡。②如果 $\Delta=(a+b_1)^2-4b_1<0$，则经济系统偏离长期均衡之后，总产量 $b_1>1$ 将形成围绕长期均衡产生周期性振荡。此时，$b_1>1$ 时振荡为发散振荡；$0<b_1<1$ 时振荡为收敛振荡；$b_1=1$ 时振荡为等幅振荡。我们以下的分析中，重点关注 $\Delta=(a+b_1)^2-4b_1<0$ 的情况，此状态下经济的总产量存在振荡波动的特性。

当总产量的波动超过系统均衡的范围 (q^l,q^h)，厂商迫于各种压力不得不调整劳动者的工资，或者市场融资环境的改变，其总的结果表现为厂商的边际成本改变，如式（4-7）所示。由式（4-4）厂商利润最大化的结果可知，如果边际成本改变的比例超过总需求改变对需求弹性影响的比例，则厂商的价格水平不再保持不变。我们暂时假定市场的平均需求弹性为外生给定，不会随时间变动，即 $-\mu_t=-\mu$，这也意味着相同价格水平时实际总需求变动不会对厂商的边际收益产生影响，即综观经济分析基本模型中假定的 $D=0$ 的情况。由式（4-4）可知，此时价格水平和边际成本的变动方向一致，且变动的比例相同。也就是说，非完全竞争的厂商根据利润最大化的准则重新定价，其结果是价格水平提高，进而引起市场平均价格水平增加。市场价格水平增加又会反过来改变厂商对市场价格水平的预期。

以下，根据构建的综观经济动态模型，我们采用数值模拟的方式，更直观地展示不同的需求冲击（短暂冲击和持续冲击）对于宏观经济可能造成的影响。

一 外生需求冲击

假设经济系统在 t 期之前未受到任何冲击影响，处于稳定的系统均衡状态。在 t 期的初始时刻，突然受到需求面的冲击 ε_t，由一阶自回归模型 AR（1）形式表示。

$$\varepsilon_{t+1}=\rho\varepsilon_t+v_t;\ \varepsilon_t>0 \qquad (4-18)$$

式中，ρ 是自相关系数，表示前期对后期的影响；v_t 表示误差项。$\rho = 0$ 表示短暂冲击，而 $0 < \rho < 1$ 表示持久的冲击。

首先，我们先探讨短暂的需求冲击可能对宏观经济造成的影响。t 期时，经济系统受到短暂的需求面的冲击 ε_t，当经济运行在系列均衡状态时，即典型厂商的产量在一定的范围内（q^l，q^h）时，不会对市场的价格水平造成影响，仅影响总产量。由模型的特性可知，经济系统是否能收敛于系统均衡状态，主要取决于加速系数 b_1。当 b_1 相对较小时（$b_1 < 1$），如图 4-9 所示，总产量水平波动的

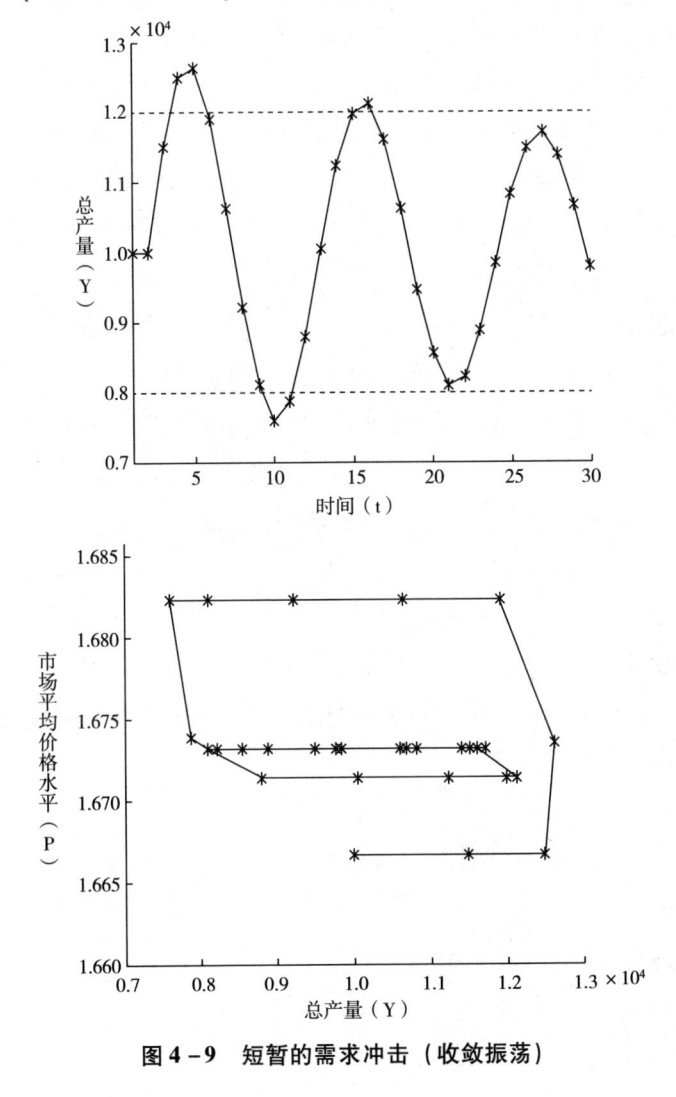

图 4-9 短暂的需求冲击（收敛振荡）

幅度逐渐减弱。尽管可能形成短期的周期性波动（价格水平和总产量同时变动），但经济系统最终会收敛于系统均衡状态，进入系统均衡的产量范围后，价格水平不变，仅总产量收敛振荡，最终达到稳定的均衡点。而更为特殊的情况是，如果短暂冲击的冲击幅度特别小，甚至不会引起价格水平的周期性变动，仅总产量呈现收敛振荡的变动趋势。

而当 b_1 相对较大时（$b_1>1$），如图4-10所示，宏观经济的周期性波动（价格水平和总产量周期性波动）可能不再收敛，总产量随着时间地推移呈现发散振荡的趋势。

下面，我们继续探讨持久的需求冲击可能对宏观经济造成的影响。对于与如图4-9所示的相同的经济系统（$b_1<1$），t 时，该系统受到持续的需求面冲击，其数值模拟的结果如图4-11所示。相比短暂的需求冲击，持续的正向需求冲击意味着尽管冲击的效果一直在减弱（$\rho<1$），但推动经济扩张的力量一直存在。持续的正向需求冲击将会推动经济总产量更快地超过系统均衡的上限范围（q^h），而经济系统最终收敛于更高的价格水平。如果经济系统拥有相对较小的加速数（$b_1<1$），而边际成本调整的幅度又相对较大，则经济系统最终收敛于更高的价格水平。如果经济系统拥有相对较大的加速数（$b_1>1$），则经济系统将不会收敛，而处于持续的经济周期中。

我们采用表格方式列举出不同需求冲击对于宏观经济变量（总产出和平均价格水平）所进行的数值模拟的参数选择（见表4-1）。

表4-1　需求冲击对宏观经济变量影响数值模拟的参数选择

冲击类型	冲击延迟时间	a	b_1	b_2	γ^h	γ^l
短暂需求冲击	0	0.7	0.96	0	1	1
短暂需求冲击	0	0.7	1.06	0	1	1
持续需求冲击	0.7	0.7	0.96	0	1	1

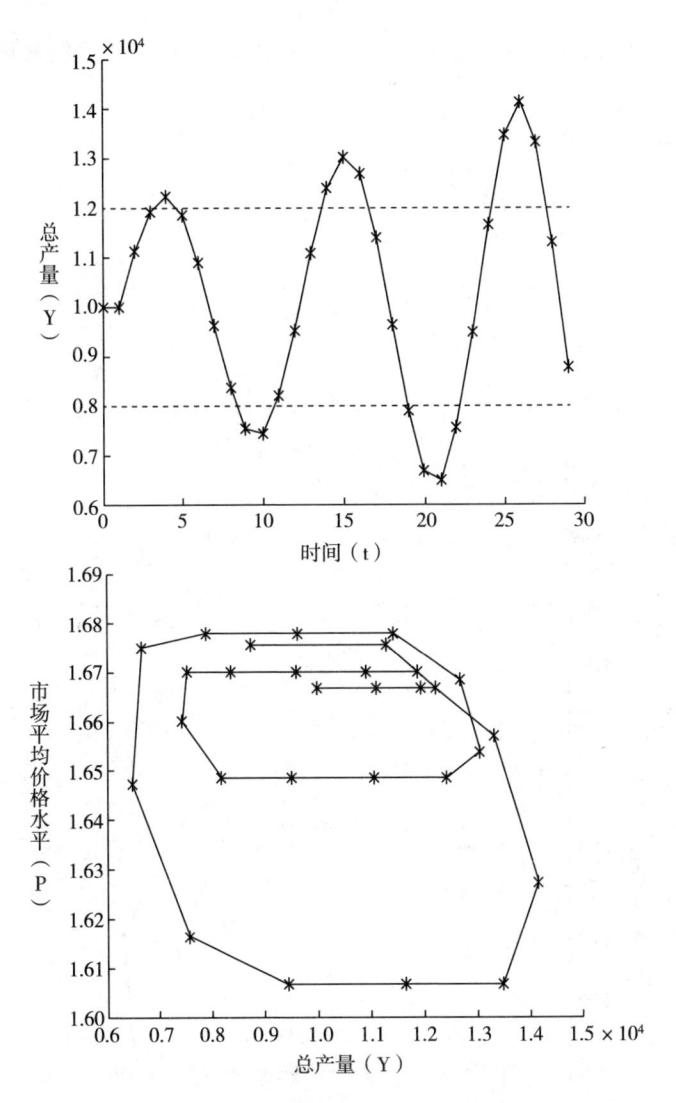

图 4-10 短暂的需求冲击（发散的振荡）

二 货币政策影响

综上，我们通过构建一个简单的综观经济动态模型，模拟分析了外生需求冲击对宏观经济的影响，并探讨了由此引发的经济周期的特性。在此基础上，我们将重点分析宏观货币政策的影响。此时，式（4-12）中利率对投资的影响不能再忽略，即 $b_2 > 0$。为了

◇ 非传统全局均衡框架下的福祉分析

决定利率的大小,我们还需要引进传统的凯恩斯流动性偏好理论。

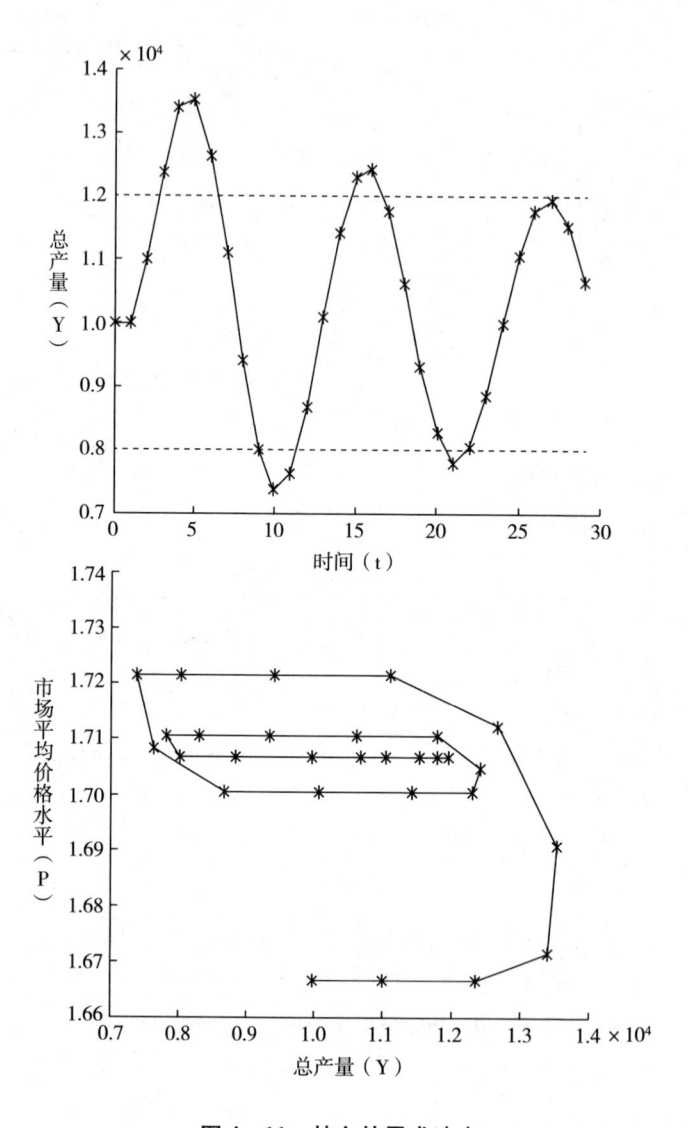

图 4-11 持久的需求冲击

按照凯恩斯的观点,作为价值尺度的货币具有两种职能,其一是交换媒介或支付手段,其二是价值储藏。持有货币可以满足三种动机,即交易动机、预防动机和投机动机。凯恩斯把人们对货币的需求称为流动偏好（Liquidity Preference）。流动偏好表示人们喜欢以货币形式持有一部分财富的愿望或动机。根据凯恩斯流动性偏好的理论，t 期货币的需求 L_t 可表示为：

$$L_t = m_0 + m_1 Y_{t-1} - m_2 r_t \tag{4-19}$$

式中，L_t 表示 t 期货币的需求。等式的右侧分别是货币需求的几个组成，第一部分由 m_0 表示，为货币的自发性需求，为常数；第二部分是货币的交易性需求，m_1 表示 $t-1$ 期收入水平对 t 期货币需求的影响；第三部分表示货币的投机性需求，m_2 表示当期实际利率水平对本期货币需求的影响。由交易动机、预防动机引起的货币需求量跟人们的收入水平密切相关。当人们的收入增加时，人们的消费水平会有所提高，消费量增大，使人们满足日常交易所需的货币量也增加。由此可见，由交易动机所引发的货币需求是收入的增函数，随着收入的增加而增加。而持有货币可以供投机性债券买卖之用，一般而言，债券价格与利息率之间存在一种反方向变动的关系，则出于投机动机的货币需求是利息率的减函数，较低的利率对应着一个较大的投机货币需求量。我们考虑到在金融市场，价格调节是非常迅速的，而在产品市场，价格调节存在一定的时滞性，则式（4-19）中，交易性货币需求中收入水平有一期的滞后。

对于货币的供应，一般是由政府进行调控的。货币政策是国家调控经济运行的很重要的一项政策手段。中央银行通过调节货币供应量，影响利率水平和经济中的信贷供应程度来间接影响总需求，以达到总需求与总供给趋于理想均衡的目的。货币政策分为扩张性和紧缩性两种。中央银行调控货币供应量是为了"熨"平经济运行的波动。一般来说，在繁荣时期，当经济总量高于"期望的"经济总量水平 $\bar{Y}$ 时，政府倾向于采用偏紧的货币政策，通过减少货币供应量促使实际利率水平高于所谓的"自然"利率，以增加投资的成本。而在经济衰退时期，政府倾向于采用宽松的货币政策，增加货币供应量，降低投资成本，鼓励投资，以此增加总需求，促进经济增长。① 我们假设，中国人民银行调整货币供给量的目标是为了确保当经济的总产出高于"期望的"经济总量水平 $\bar{Y}$ 时，利率水平也高于正常状况下的理论水平 $\bar{r}$。也就是说，政策的实施是以实际利率水平作为中间目标的，即：

$$r_t = \bar{r} + \lambda(Y_{t-1} - \bar{Y}); \lambda > 0 \qquad (4-20)$$

式中，$\lambda > 0$ 表示货币政策的政策变量。将式（4-20）一次差分之后，可得：

$$r_t - r_{t-1} = \lambda(Y_{t-1} - Y_{t-2}) \qquad (4-21)$$

因而，中国人民银行的货币政策相当于当经济总产出增加时，通过调控货币供应量提高利率水平；反之，则降低利率水平。λ 表示中国人民银行调控实际货币供应量以促使利率水平变动与滞后一期总产出变动的相互关系。

为了探究货币供应量的冲击对宏观经济的影响，我们在此不再假设利率对投资没有影响，即 $b_2 > 0$。结合货币政策的实施规律，实际总需求可表示为：

$$\begin{aligned} A_t &= C_0 + aY_{t-1} + b_1(Y_{t-1} - Y_{t-2}) - b_2(r_t - t_{t-1}) \\ &= C_0 + aY_{t-1} + (b_1 - b_2\lambda)(Y_{t-1} - Y_{t-2}) \end{aligned} \qquad (4-22)$$

从式（4-22）可以看出，政策变量 λ 越小，政策对于投资需求的负向影响越小；反之，政策变量 λ 越大，对投资需求产生的负向影响越大。

均衡时，实际货币的供给恰好等于市场对货币的实际需求。我们假设货币需求可由式（4-21）表示。则我们可以将央行的货币政策表示为，实际货币供应量是根据实际经济波动进行调节的，调节的力度由政策变量 λ 表示，即：

$$\frac{M_t^s}{P_t} - \frac{M_{t-1}^s}{P_{t-1}} = (m_1 - \lambda m_2)(Y_{t-1} - Y_{t-2}) \qquad (4-23)$$

---

① Jorgenson, D. W., "Capital Theory and Investment Behaviour", *American Economic Review*, Vol. 53, No. 2, 1963.

式中，当 $0<\lambda<m_1/m_2$ 时，货币供应量表现为顺周期的运动，即当总产出波动时，中国人民银行倾向于微调利率，增加货币供应量。

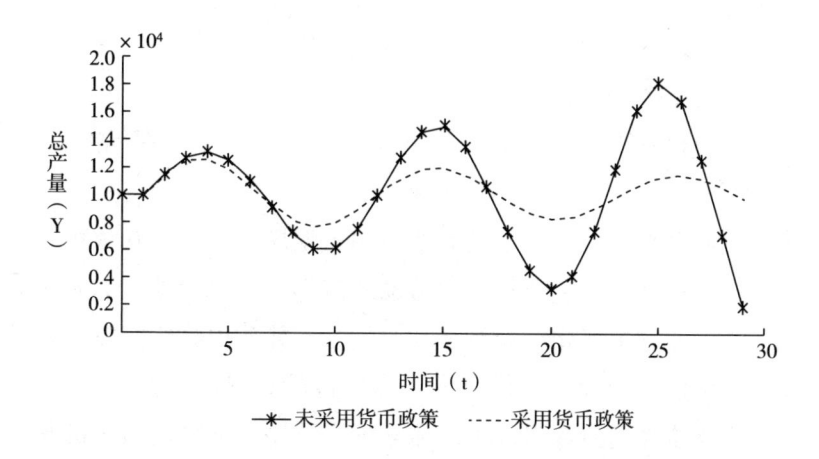

图 4-12　货币政策抚平产量波动示意

图 4-12 显示了中国人民银行采取货币政策抚平总产量波动的一种示意图，其中政策变量 $\lambda=0.3$。货币政策通过减少投资需求，最终影响总产量。

第五节　总结

2007 年，美国次债危机全面爆发，不仅引发国际金融市场持续动荡，而且严重影响世界经济，带来一场百年难遇的世界经济危机。同时，这场国际金融危机也对相关的传统宏观经济理论提出了严峻的挑战，尤其是货币中性的理论。Ng 通过综观经济理论模型证明，仅放松完全竞争这一个不切实际的假设条件，而不需要假设没有时间滞后、价格刚性、菜单成本等，货币就不再必然表现为中性，这也使我们认识到金融危机和金融机构在现实中的

◇ 非传统全局均衡框架下的福祉分析

重要性。①

  本章采用综观经济分析的基本模型简单论述货币数量（包括信用货币数量）的剧烈减少，促使总需求减少，是可能带来实体经济的衰退的。并采用综观经济分析基本模型的相关结论，通过图示分析的方法，进一步简单解释了金融危机致使总需求变动，可能引发经济周期的整个过程。

  Ng② 和 Shi③ 通过综观经济分析方法证明，在一定的产量范围内经济体可能存在系列均衡。在此基础上，本章我们构建了一个综观经济分析的动态模型：一个垄断竞争的典型厂商，面对有时滞的总需求函数和可反映不完全竞争的劳动力市场的成本函数，最大化其利润水平。通过求解此综观经济动态模型，并采用数值模拟的方式更直观地证明，当经济系统存在时滞效应、非完全信息等状况时，外生冲击（本章重点探讨外生的需求冲击，比如国际金融危机导致的国内总需求的减少/或者货币政策的改变等）可能推动经济系统形成经济周期的过程。并进一步分别探讨不同的冲击或者经济系统特性的不同可能形成的不同形式的经济周期。

---

① Ng Yew - Kwang, "Business Confidence and Depression Prevention: A Micro - macro-economic Perspective", *Mathematical Social Sciences*, Vol. 25, No. 1, 1992.

② Ng Yew - Kwang, *Mesoeconomics: A Micro - macro Analysis*, London: Harvester, 1986, pp. 172 - 183.

③ Shi He - ling, "Continuum of Equilibria and Business Cycles: A Dynamic Model of Mesoeconomics", *The American Economic Review*, Vol. 82, No. 2, 1992.

第五章
超边际均衡理论模型框架下的福祉分析

在以上的章节中，我们重点采用了综观经济分析方法这一非传统全局均衡的分析方法，并在综观经济分析框架下进行社会福祉分析探究了宏观经济政策对经济变量和社会福祉的影响机制。在深入研究的过程中，我们发现，由于综观经济分析模型的特性，将环境质量这一指标内生于综观模型中进行分析存在建模和求解的困难。但碳排放引发的全球变暖、环境质量恶化等问题又严重影响了人们的幸福感水平。因此，在这一章，我们将采用另一种非传统全局均衡的分析方法——超边际均衡分析方法。近几年，将超边际均衡分析方法应用于绿色经济增长的研究开始兴起。该方法可用来分析碳排放政策实施所导致的劳动力分工结构变动问题。本章拟将超边际均衡分析方法应用于绿色经济增长领域，构建超边际均衡绿色经济增长模型，并在此模型框架下进行社会福祉分析，探讨碳排放政策及其是否实施对社会总福祉的影响机制。

本章的内容安排如下：第一节介绍全球碳减排的现状以及绿色经济增长的相关研究，进一步提出本章研究的问题。第二节采用超边际均衡分析的方法构建绿色经济增长的理论模型。第三节对构建的超边际均衡绿色经济增长模型结果进行分析，探讨经济增长与碳减排"双赢"的可行性。第四节在超边际均衡绿色经济增长模型基础上进行福祉分析。第五节通过数值模拟的方式探讨重点参数对减排政策实施效果的影响。第六节对本章进行总结，并提出相应的政策建议。

第一节 引言

全球变暖是国际社会公认的全球性环境问题，影响人类社会的长远发展。近几年来，一系列极端天气事件，包括纽约和新泽西的飓风桑迪、中国的洪水和美国中西部以及俄罗斯和众多发展中国家的旱灾——对人类社会造成了严重伤害。这些彰显全球变暖的事实促使全世界意识到气候变暖问题的严重性与紧迫性。国际社会为了将大气中的温室气体含量控制在一个适当的水平，进而防止剧烈的气候改变对人类造成伤害，共同签订了《京都议定书》，规定发达国家在2008—2012年，将温室气体排放量在1990年的排放水平上减少5%。中国政府积极响应，承诺到2020年碳强度在2005年的基础上下降40%—45%。2020年9月22日，中国政府在第七十五届联合国大会上提出："中国将提高国家自主贡献力度，采取更加有力的政策和措施，二氧化碳排放力争于2030年前达到峰值，努力争取2060年前实现碳中和。"全世界为减缓全球变暖进行着艰难不懈的谈判，然而各国对其需要承担的减排目标很难达成统一的共识。因为在以化石燃料燃烧为基础的经济增长模式下，碳减排被认为是以牺牲经济增长为代价的。① 各国都不愿意牺牲本国的经济增长和国民利益，来替世界各国承担减排义务。各国实际采用的减排措施和最终的减排效果并不理想。②

---

① 冯之浚、周荣：《低碳经济：中国实现绿色发展的根本途径》，《中国人口资源与环境》2010年第4期。

② UNFCCC, *National Greenhouse Gas Inventory Data for the Period 1990 - 2011*, Warsaw: United Nations Office at Geneva, 2013.

第五章 超边际均衡理论模型框架下的福祉分析

然而，由于全球气候变暖具有跨国外部性的影响，一个国家自己的行为，其影响却波及全球，并且气候本身属于典型的全球公共品，如何提供这类物品同时阻止"搭便车"行为就成为亟待解决的问题，全球气候问题的复杂性可见一斑。即使仅从经济学的角度来看，气候变化问题对传统经济学的研究边界以及分析范式都提出了严峻的挑战。[1]

近年来，气候变化的经济学研究已成为现代经济学的一大热点，减排政策的制定主要依赖于传统气候变化经济学。他们全面地总结和比较了二氧化碳减排的收益与成本，并以此确定最佳的碳排放量，其代表性的研究者包括 Nordhaus[2]、Garnaut[3]、Blewitt[4] 等。Stern 和 Treasury 计算出发达国家需要用其 GDP 的 2% 来采取行动减缓全球变暖。[5] 然而，由于气候的多变性与不确定性，单靠传统的气候变化经济学和具有局限性的传统分析工具，想要解决全球气候变暖的问题是远远不够的。因为从理论上看，减排的好处被认为主要是避免全球变暖的损害，成为避免伤害的被动行为，而不是探索新机会的主动行为；并且因为气候具有全球公共品的特性，减排的收益是全球共享的，但成本却需要各国自己负担，各国都有成为"搭便车"者的强烈倾向，减排成为各国分担"负担"的博弈。最后一个关键问题是，对于减排进行传统的边际成本收益分析较难帮助政府制定全面有效的减排政策。

近年来，关于绿色经济增长的新的思考正在逐步兴起——减排的好处可能被低估，二氧化碳减排不仅不是经济增长的"负担"，

---

[1] 王军：《气候变化经济学的文献综述》，《世界经济》2008 年第 8 期。
[2] Nordhaus, "Optimal Greenhouse - gas Reductions and Tax Policy in the DICE Model", *American Economic Review*, Vol. 83, No. 2, 1993.
[3] Garnaut R., "The Garnaut Review 2011: Australia in the Global Response to Climate Change", *The Garnaut Review*, 2011.
[4] Kumari Areti Krishna, "Understanding Sustainable Development", *Social Science Electronic Publishing*, 2014.
[5] Stern, N. H. and Treasury G. B., *The Economics of Climate Change: The Stern Review*, Cambridge: Cambridge University Press, 2007.

而且还会促进当地的经济增长,经济增长与碳减排两个目标可以同时实现。目前,越来越多的证据证实了绿色经济增长真实存在,碳排放的减少并没有阻碍全球经济的发展。联合国环境规划署(UNEP)发布的题为《里约20年:追踪环境变迁》的报告指出,全球的碳强度从1992年到2012年下降了23%,而全球GDP却增加了75%。① 世界银行和中国国务院发展研究中心联合撰写的报告《中国2030:建设一个现代、和谐、有创造力的高收入社会》同样发现中国的高增长并不完全依赖于高碳排放,发现中国"十一五"规划(2006—2010年)时期,GDP年平均增长为11.2%,而能源消费量年平均增长仅为6.6%。② 王兵和刘光天研究发现,1999—2012年中国绿色全要素生产率平均增长1.33%,其中节能减排绩效为1.2%,贡献度高达90.23%,是生产率增长的核心动力。③ 以上数据事实证明,高的经济增长并不必然伴随高碳排放,经济增长与碳排放相分离的发展模式已成为全球的一个大趋势,绿色经济增长是存在的事实。

在理论方面,关于绿色经济增长的研究主要是三个方向:①以Stern为代表改进的宏观增长模型。他们在索洛宏观增长模型基础上,构建了一种绿色增长的理论模型,认为自然环境不仅本身是一种生产要素,并且还能通过增强物质资本、人力资本和技术进步进入生产函数,环境政策可以通过改善环境质量对经济增长产生积极影响。④ ②以Acemoglu等为代表导向性的技术改进模型。他们通过构建更具有微观基础的,有环境约束和资源限制的内生定向技术变

---

① UNEP, Keeping Track of Our Changing Environment: From Rio to Rio + 20 (1992 - 2012), Nairobi: Division of Early Warning and Assessment (DEWA), United Nations Environment Programme (UNEP), 2011.
② 世界银行:《2030年的中国:建设现代、和谐、有创造力的高收入社会》,华盛顿:世界银行,2013年。
③ 王兵、刘光天:《节能减排与中国绿色经济增长——基于全要素生产率的视角》,《中国工业经济》2015年第5期。
④ Stern, N. H. and Treasury G. B., *The Economics of Climate Change: The Stern Review*, Cambridge: Cambridge University Press, 2007.

第五章
超边际均衡理论模型框架下的福祉分析

革增长模型,证明政府可以通过政策干预,改变个人投资的方向,使其投入绿色技术的领域。虽然政府干预在短期是有成本的,但是长期来看,绿色增长率会超过非绿色增长率,而整体增长率不受影响。① ③以 Zhang 和 Shi 为代表的超边际分析模型。这是近年来兴起的第三种研究绿色经济增长的方向。② 他们应用亚当·斯密的专业化与分工观点和杨小凯创立的超边际分析方法构建了一个超边际均衡模型来说明绿色增长的机制。他们在其文中证明政府采取碳税与补贴相结合的减排政策,会促使市场选择低碳技术,市场会自动地转化为具有更高分工和专业化水平的低碳能源市场结构。该模型有别于前两个理论体系的独特点为可分析采用减排政策之后市场专业化与分工的演化,以确定最优的劳动力分工结构。

然而,我们认为 Zhang 和 Shi③的超边际均衡绿色经济增长模型仍存在几点需要进一步完善的部分。

首先,福祉分析。众所周知,碳减排是国计民生的大事,减排政策的制定和分析都需要最终落实于对社会总福祉的影响。Zhang 和 Shi(2014)的基础超边际均衡绿色经济增长模型未能具体分析减排政策有效实施之后对社会总福祉的影响。Ng 等(2007)采用超边际模型分析政府积极投入基础设施建设的原因时发现,政府投入基础设施建设以增加市场交易效率不仅可以获得直接收益,还可因交易效率增加促使专业化分工水平提高而获得间接的网络收益。④ 这一间接收益往往是被传统边际分析所忽略的,因为传统边际分析仅关注在固定劳动分工结构下的资源最优配置,忽略了劳动力分工

---

① Acemoglu D., et al., "The Environment and Directed Technical Change", *American Economic Review*, Vol. 102, No. 1, 2012.

② Zhang Y. and Shi He – ling, "From Burden – sharing to Opportunity – sharing: Unlocking Climate Negotiations", *Climate Policy*, Vol. 14, No. 1, 2014.

③ Zhang Y. and Shi He – ling, "From Burden – sharing to Opportunity – sharing: Unlocking Climate Negotiations", *Climate Policy*, Vol. 14, No. 1, 2014.

④ Ng Yew – Kwang and Ng Siang, "Why Should Government Encourage Improvements in Infrastructure? Indirect Network Externality of Transaction Effiency", *Public Finance and Management*, Vol. 7, No. 5, 2007.

◇ 非传统全局均衡框架下的福祉分析

的组织效率,而超边际分析却将专业化与劳动力分工结构作为内生变量进入模型,从而能更有效地分析组织效率的变动。本章将这一间接网络收益的理论,应用到碳排放的环保问题上进行福祉分析。我们将通过理论模型探讨实施减排政策是否能实现社会总福祉增加的目的,并且比较采用碳税以增加交易效率的减排政策和传统纯粹的碳税政策。

其次,在 Zhang 和 Shi[①] 的基础超边际均衡绿色经济增长模型中所采用的减排政策,在具体实施的时候,存在一定的问题。由于政府的交易成本(包括协调成本、信息成本与反腐败成本等)巨大,采用碳税与补贴结合的减排政策需要政府选择"赢家",即决定将征收的碳税税收收入具体投向哪一个清洁能源部门,补贴具体怎么分配,在具体实施时存在诸多问题:①政府需要投入大量人力、物力成本收集整理整个低碳清洁能源市场的相关信息,并进行分析,以此决定补贴的分配,信息成本巨大;②由于每个低碳企业都希望获得更多的补贴,而有强烈的倾向隐瞒相关信息,信息的不对等是政府选择错误的一个主要原因;③技术发展的不确定性,也很容易造成政府选择的失败;④当补贴的权利集中到少数政府官员手里时,腐败的问题也应运而生。因此,本章拟采用一个改进的减排政策——把碳税的所得用于提高整个低碳清洁能源市场的交易效率,例如减少企业进入低碳清洁能源市场的壁垒;加强对新技术的专利保护以鼓励企业公开新的技术和新的工艺;对基础研究进行投资以加快知识的积累;加强二级市场的流通性和引进退出机制以鼓励风险资本的运作等。

最后,本章将在基础理论模型的基础上,通过数值模拟的方式探讨重点参数对减排政策实施效果的影响,提出政策建议。

---

① Zhang, Y. and Shi He-ling, "From Burden-sharing to Opportunity-sharing: Unlocking Climate Negotiations", *Climate Policy*, Vol. 14, No. 1, 2014.

第二节　超边际均衡模型构建

Shi 和 Zhang（2012）通过构建一个超边际均衡模型来解释绿色增长的机制。[①] 文中假定有两种可替代的能源，均能生产一种最终产品，一种能源是会产生二氧化碳的"脏的"能源，另一种"清洁"能源则不会产生二氧化碳。本书在史鹤凌与张永生的绿色增长模型的基础上进一步改进——政府的职能有所不同，政府仍旧负责对高碳市场征收碳税，增加高碳能源市场的运营成本，但是却不需要分配碳税税收所得用于补贴各低碳市场，而是用碳税税收收入增加整个低碳清洁能源市场的交易效率，促使各企业相互竞争。

本书模型构建如下：假设在市场中存在 M 个相同的市场主体，既是生产者也是消费者。一种消费品 z，每个市场主体的效用取决于消费 z 的数量与环境质量 E。z 的生产需要劳动力与能源的共同投入。在此模型中，能源的供给可以采用传统的高碳能源 y（如化石能源）或者新兴的低碳能源 $\hat{y}$（如核能或者风能等）。生产 y 仅需要劳动力的投入，而生产 $\hat{y}$ 不仅需要劳动力投入，还需要另一种中间品 x 的投入。这是由于相对于传统化石能源发电，采用新兴低碳能源（如核能或者风能等）发电需要一些特有的设备。

本书采用对高碳企业征收碳税，应用碳税所得的政府收入，增加整个低碳能源市场的交易成本的减排政策。用 $0 \leqslant k \leqslant 1$ 表示低碳能源市场交易效率，表示低碳能源市场交易成本。在本书中，我们假定从高碳能源市场征收碳税所增加的政府收入 T 与低碳能源市场交易效率 k、低碳能源市场交易成本 $tran$ 的关系如下：

$$tran = \rho\theta^T;\ k = 1 - tran = 1 - \rho\theta^T \tag{5-1}$$

[①] Shi He‑Ling and Zhang Y., *How Carbon Emission Mitigation Promotes Economic Development - A Theoretical Framework*, Melbourne: Department of Economics, Monash University, 2012.

式中，$0 \leq \rho \leq 1$ 表示高碳能源市场的市场交易成本；$k_0 = (1 - \rho)$ 表示高碳能源市场的市场交易效率；$0 \leq \theta \leq 1$ 表示低碳能源市场交易成本随着碳税税收收入的变化率。T 的增加会增加交易效率，同时降低交易成本。

通过以上的减排政策，市场中可能出现的三种劳动力分工结构（劳动力完全分工的高碳能源市场结构 A、劳动力部分分工的低碳能源市场结构 B 和劳动力完全分工的低碳能源市场结构 C）结合成为市场结构 D（见图 5-1）。根据 Yang（2001）[①] 的分析方法，在一种结构中，存在一种均衡（称为角点均衡）。在超边际分析中，一般均衡被定义为所有角点均衡中最有效（人均效用最高）的劳动分工结构。

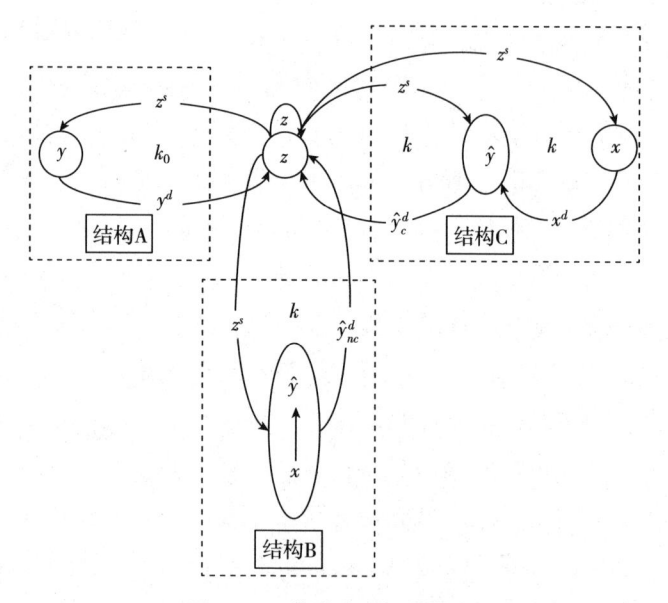

图 5-1 劳动力分工结构 D

注：结构 A 表示劳动力完全分工的高碳能源市场结构；结构 B 表示劳动力部分分工低碳能源市场结构；结构 C 表示劳动力完全分工低碳能源市场结构。

---

① Yang X. Economics, *New Classical Versus Neoclassicel Framework*, New York: Blackwell, 2001.

在本章中，我们仍旧采用第二章中所设定的个人福祉函数形式和社会福祉函数形式。我们假设不存在个人效用与个人福祉产生差异的三种情况，即不存在非情感的利他、不完全的预见和非理性的情况。此时，个人福祉可用个人效用代替。我们假设每一个市场的人均效用均可表示为在该市场中的经济主体的消费、环境质量和公共品消费的一般函数形式。在本章中，我们暂时不考虑政府提供的公共品数量的变化。用以下 Cobb – Douglas 形式表示：

$$u = u(c, E, \varphi) = c^{\gamma} E^{1-\gamma}, \ \gamma \in [0, 1], \ \varphi = 1 \qquad (5-2)$$

式中，c 表示最终产品 z 的消费量；E 表示环境质量，在本章中主要与二氧化碳的排放有关；φ 表示公共品消费，在本章设定为 1；γ 表示消费品的弹性。

在市场结构 D 中，每一个市场自主地选择以下五种专业中的一种进行生产与交换。本书暂时忽略自给自足的结构，重点研究有交换的劳动力分工结构。在单个市场决策过程中不受环境质量 E 的影响，我们假定环境质量 E 为外生给定的 $\overline{E}$。

专业 1（$y\hat{y}/z$）：专业化生产最终产品 z。购买 y 或者 $\hat{y}$ 生产 z，然后卖出部分 z 用于购买 y 或者 $\hat{y}$。

$$\max: u_{(y\hat{y}/z)} = z^{\gamma} \overline{E}^{1-\gamma}$$

$$\text{s. t.} \ \ z + z^s = (k_0 y_A^d + k\hat{y}_B^d + k\hat{y}_C^d)^{\beta} l_z$$

$$l_z = \overline{l}$$

$$p_y y_A^d + p_{\hat{y}} \hat{y}_B^d + p_{\hat{y}} \hat{y}_C^d = z^s \qquad (5-3)$$

式中，$u_{(y\hat{y}/z)}$ 是专业 1 的人均效用。z 是最终产品的消费量，价格为 1，z^s 表示卖出最终产品 z 的数量。k_0 是高碳能源市场的交易效率，k 是低碳能源市场的交易效率。β 是最终产品生产函数的能源弹性系数，即能源转化率，表示一单位的能源转化为最终消费品的数量。p_y 表示高碳能源 y 的价格，$p_{\hat{y}}$ 表示低碳能源 $\hat{y}$ 的价格。y_A^d 表示劳动力完全分工的高碳能源市场生产最终产品所需要投入的 y 的数量；y_B^d 表示劳动力部分分工的低碳能源市场生产最终产品所需要投

入的 $\hat{y}$ 的数量；y_C^d 是劳动力完全分工的低碳能源市场生产最终产品所需要投入的 $\hat{y}$ 的数量。l_z 为生产最终产品的劳动投入，$\bar{l}$ 为劳动力禀赋。求解可得：

$$u_{(y\hat{y}/z)} = \left[(1-\beta)\beta^{\frac{\beta}{1-\beta}}k_0^{\frac{\beta}{1-\beta}}\bar{l}^{\frac{1}{1-\beta}}p_y^{\frac{\beta}{\beta-1}}\right]^\gamma \bar{E}^{(1-\gamma)} \qquad (5-4)$$

专业 2 (z/y)：劳动力完全分工专业化生产高碳能源 y。仅用劳动力生产 y，卖出 y 用于购买 z。

max：$u_{(z/y)} = (k_0 z^d)^\gamma \bar{E}^{(1-\gamma)}$

s. t. $y_A^s = l_y$

$l_y = \bar{l}$

$z^d = (1-t)p_y y_A^s$ $\qquad (5-5)$

式中，$u_{(z/y)}$ 是专业 2 的人均效用。y_A^s 为劳动力完全分工的高碳能源市场生产 y 的数量，l_y 为所需投入的劳动力。t 为政府对高碳能源市场所征收的碳税的税率。求解可得：

$$u_{(z/y)} = \left[k_0(1-t)p_y \bar{l}\right]^\gamma \bar{E}^{(1-\gamma)} \qquad (5-6)$$

专业 3 ($z/\hat{y}x$)：劳动力部分分工专业化生产低碳能源 $\hat{y}$。投入部分劳动力用于生产中间品 x，然后利用中间品和剩余的劳动力生产 $\hat{y}$，最后卖出 $\hat{y}$ 购买 z。

max：$u_{(z/\hat{y}x)} = (kz^d)^\gamma \bar{E}^{(1-\gamma)}$

s. t. $\hat{y}_B^s = x^\alpha l_{\hat{y}}$

$x = l_x$

$l_x + l_{\hat{y}} = \bar{l}$

$z^d = p_{\hat{y}} \hat{y}_B^s$ $\qquad (5-7)$

式中，$u_{(z/\hat{y}x)}$ 是专业 3 的人均效用。$\hat{y}_B^s$ 是劳动力部分分工的低碳能源市场生产 $\hat{y}$ 的数量，$l_{\hat{y}}$ 和 x 为生产 $\hat{y}$ 所需投入的劳动力和中间品。α 是中间品的弹性系数。l_x 是生产中间品所需的劳动力。求解可得：

$$u_{(z/\hat{y}x)} = \left[\frac{\alpha^\alpha}{(1+\alpha)^{1+\alpha}} k \bar{l}^{1+\alpha} p_{\hat{y}}\right]^\gamma \bar{E}^{(1-\gamma)} \qquad (5-8)$$

专业4（$xz/\hat{y}$）：劳动力完全分工专业化生产低碳能源 $\hat{y}$。购买中间品 x 生产 $\hat{y}$，然后卖出 $\hat{y}$ 购买 z。

$$\max: u_{(xz/\hat{y})} = (kz^d)^\gamma \overline{E}^{(1-\gamma)}$$

s.t. $\hat{y}_C^s = (kx^d)^\alpha l_{\hat{y}}$

$l_{\hat{y}} = \bar{l}$

$$p_x x^d + z^d = p_{\hat{y}} \hat{y}_C^s \tag{5-9}$$

式中，$u_{(xz/\hat{y})}$ 是专业4的人均效用。$\hat{y}_C^s$ 是劳动力完全分工的低碳能源市场生产 $\hat{y}$ 的数量。p_x 是在市场上购买中间品的价格。求解可得：

$$u_{(xz/\hat{y})} = \left[(1-\alpha)\alpha^{\frac{\alpha}{1-\alpha}} k^{\frac{1}{1-\alpha}} \bar{l}^{\frac{1}{1-\alpha}} \frac{p_{\hat{y}}^{\frac{1}{1-\alpha}}}{p_x^{\frac{\alpha}{1-\alpha}}} \right]^\gamma \overline{E}^{(1-\gamma)} \tag{5-10}$$

专业5（x/z）：专业化生产中间品 x。卖出 x 用于购买 z。

$$\max: u_{(z/x)} = (kz^d)^\gamma \overline{E}^{(1-\gamma)}$$

s.t. $x^s = l_x$

$l_x = \bar{l}$

$$z^d = p_x x^s \tag{5-11}$$

式中，$u_{(x/z)}$ 是专业5的人均效用。x^s 是专业生产中间品的企业所生产 x 的数量。求解可得：

$$u_{(z/x)} = (kp_x \bar{l})^\gamma \overline{E}^{(1-\gamma)} \tag{5-12}$$

在均衡状态下，由于商品价格调节的灵活性，能使需求和供给迅速达到均衡。在各市场，均没有定量配给、资源闲置，也没有超额供给或超额需求。则每一个产品市场的市场出清条件为表示为：

$$M_1(y_A^d + \hat{y}_B^d + \hat{y}_C^d) = M_2 y_A^s + M_3 \hat{y}_B^s + M_4 \hat{y}_C^s$$

$$M_4 x^d = M_5 x^s$$

$$M_1 + M_2 + M_3 + M_4 + M_5 = M \tag{5-13}$$

式中，M_i（$i=1,2,3,4,5$）表示选择第 i 种专业的市场主体的数量。

对于此市场结构 D，其均衡的条件为，在市场中存在的专业选择是无差异地，即在市场中存在的专业化生产的市场主体人均效用相等。由此我们可将图 5-1 中三种结构表示成以下形式：

$$u_A = u_{(z/y)} = [k_0(1-t)p_y\bar{l}]^\gamma \bar{E}^{(1-\gamma)}$$

$$u_B = u_{(z/\hat{y}x)} = \left[\frac{\alpha^\alpha}{(1+\alpha)^{1+\alpha}}\bar{k}l^{1+\alpha}p_{\hat{y}}\right]^\gamma \bar{E}^{(1-\gamma)}$$

$$u_C = u_{(xz/\hat{y})} = u_{(z/x)} = [\alpha^\alpha(1-\alpha)^{1-\alpha}k^{\alpha+1}\bar{l}^{\alpha+1}p_{\hat{y}}]^\gamma \bar{E}^{(1-\gamma)} \quad (5-14)$$

第三节 超边际均衡绿色经济增长模型的基本结果讨论

首先，我们探讨不采取任何减排政策，整个能源市场的情况。

一 不实施减排政策

命题 1：如果不实施任何减排政策，市场不会自主地选择低碳能源技术。

证明如下。如果不采取任何减排政策，意味着碳税税率 t 为 0，根据模型的设定，此时低碳能源市场与高碳能源市场的市场交易效率相同，且低碳能源与高碳能源价格也相等。比较 $t=0$ 时，结构 D 中三种特殊劳动力分工结构的人均效用值 u_A、u_B 和 u_C。为了分析方便，我们暂将劳动力禀赋 $\bar{l}$ 标准化为 1。因为 $\alpha, \rho, \beta \in (0,1)$，则：

$$\frac{u_A}{u_B} = \left[\frac{(1+\alpha)^{1+\alpha}}{\alpha^\alpha \bar{l}^\alpha}\right]^\gamma > 1$$

$$\frac{u_A}{u_C} = \left[\frac{1}{\alpha^\alpha(1-\alpha)^{1-\alpha}(1-\rho)^\alpha \bar{l}^\alpha}\right]^\gamma > 1 \quad (5-15)$$

由式（5-15）可以看出，$u_A > u_B$，$u_A > u_C$ 总是成立的。也就是说，在此状态下，劳动力完全分工的高碳能源市场结构 A 在市场中占优，市场中将不会存在选择低碳能源生产的市场主体。所以，为了达到减少碳排放的目的，政府采取强制的减排政策是必要的。

在此基础上,我们将探讨,如果采用本书所建议的减排政策——对高碳企业征收碳税,并将碳税所得用于增加整个低碳能源市场的交易效率,市场结构能否从高碳能源市场转化为低碳能源市场。

二 实施减排政策

命题2:实施对传统高碳企业征收的碳税所得用于增加低碳能源市场交易效率的政策,如果选取合适的税率水平,可促使市场从高碳能源市场结构转化为低碳能源市场结构。

证明如下。在劳动力完全分工的高碳能源市场状态下,采取减排政策——对传统高碳企业征收碳税($t\neq 0$),并用碳税所得($T=M_2 t p_y \bar{l}$)增加低碳能源市场的交易效率(k)。由均衡条件可得,在均衡状态时高碳能源价格水平p_y,低碳能源价格水平$p_{\hat{y}}$和选择专业2的市场主体数目M_2的表达式:

$$p_y = \frac{\beta^\beta (1-\beta)^{1-\beta}(k_0)^{(2\beta-1)}\bar{l}^\beta}{(1-t)^{1-\beta}}$$

$$p_{\hat{y}} = \frac{\beta^\beta (1-\beta)^{1-\beta}(k_0)^{(2\beta-2)}\overline{kl}^\beta}{(1-t)^{1-\beta}}$$

$$M_2 = \frac{\beta k_0 (1-t)}{(1-\beta)+\beta k_0 (1-t)}M \qquad (5-16)$$

如果式(5-16)中参数α,$\bar{l}$,ρ,θ,M,$\bar{E}$,β都外生给定,仅碳税税率t变化时,结构D中三种市场结构的人均效用如图5-2所示。

由图5-2我们可以看出,对高碳能源市场征收的碳税税率t从0增加的过程中,u_A会随着t增加而减小,u_B和u_C却会因为碳税税率的增加而增加。通过采取本书所建议的减排政策而促使市场结构转化的形式分为以下两种。图5-2左侧显示了市场结构转化的第一种形式:此时,如果征收碳税税率t大于等于t_A,会促使市场结构直接从结构A转化为结构C。从图5-2中我们可以发现,而当$t>t_A$时,$u_C>u_A$,$u_C>u_B$,此时市场的结构为劳动力完全分工的低碳能

源市场结构 C。在此种状况下，碳税税率 t_A 为市场结构从高碳能源市场结构转化为低碳能源市场结构所需要的最低税率值 t^*。图 5-2 右侧图显示了市场结构转化的第二种形式：此时，如果征收的碳税税率大于等于 t_B，会促使市场结构从结构 A 直接转化为结构 B。从图 5-2 中我们可以发现，当 $t > t_B$ 时，$u_B > u_A$，$u_B > u_C$，此时市场的结构为劳动力部分分工的低碳能源市场结构 B。在此种状况下，碳税税率 t_B 为市场结构从高碳能源市场结构转化为低碳能源市场结构所需要的最低税率值 t^*。

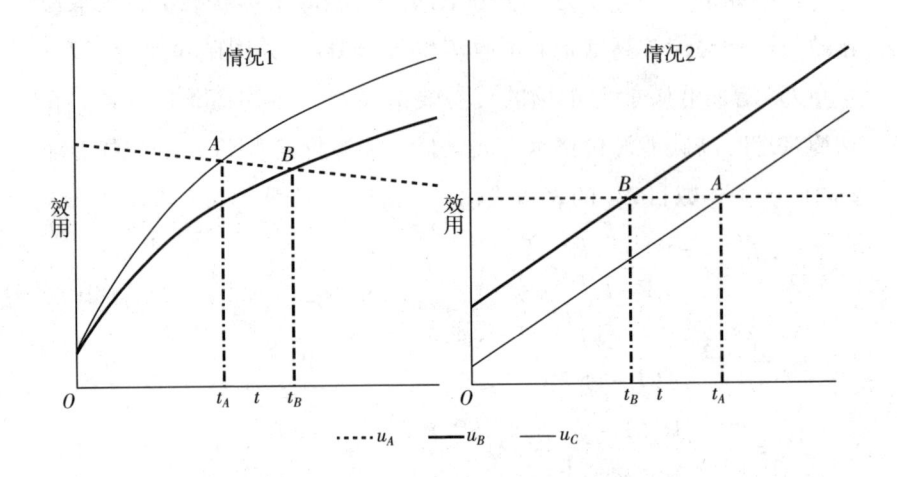

图 5-2 三种能源市场结构人均效用比较

注：t_A 表示 $u_A = u_C$ 时的税率，t_B 表示 $u_A = u_B$ 时的税率。

总之，采用本书建议的减排政策，只要对高碳企业征收的碳税税率合适，会促使市场结构从高碳能源市场结构转化为低碳能源市场结构。

下一节，我们将在以上构建的超边际均衡绿色经济增长模型基础上，进行社会总福祉分析，探讨减排政策的实施是否有利于社会总福祉。

第四节 超边际均衡绿色经济增长模型框架下的福祉分析

本小节在第三节构建的超边际均衡绿色经济增长模型的基础上，进一步进行社会福祉的分析。

一 社会总福祉分析

命题3：从整个社会总福祉角度考虑，如果二氧化碳排放所造成的危害足够严重，所带来的损失足够大，减排政策的有效实施可能使整个社会总福祉增加。

证明如下。比较两种能源市场结构的社会的总福祉。此时，我们不能再将环境质量视为给定的，因为环境质量是衡量社会总福祉的重要指标。在此模型中，我们假定环境质量 E 为：

$$E^i = E_0 - E^i_{CO_2} \quad (i = before, \ after) \tag{5-17}$$

E_0 表示没有二氧化碳排放的基础环境质量。E_{CO_2} 表示二氧化碳的总排放量，是会对总的环境质量产生负的影响。$i = before$ 表示未采取减排政策（$t=0$）时的状况，$i = after$ 表示采取减排政策（$t \geqslant t^*$）之后的状况。假设高碳能源市场每生产一单位 y 即排放一单位的二氧化碳，低碳能源市场则不排放二氧化碳。那么实施减排政策前后的二氧化碳的总排放量为：

$$E^{before}_{CO_2} = M_2 y^s_A = M_2 \bar{l} = \frac{\beta k_0 M \bar{l}}{(1-\beta) + \beta k_0}; \quad E^{after}_{CO_2} = 0 \tag{5-18}$$

本书中，我们采用 Ng[①] 所建议的社会总福祉形式——社会总福祉可表示成社会中成员福祉的无权加总。在此，我们假设个人福祉和个人效用不存在差异，则社会总福祉可表示为市场中 M 个市场主

[①] Ng Yew – Kwang "Bentham or Bergson? Finite Sensibility, Utility functions and Social Welfare Functions", *Beview of Economics Stndies*, Vol. 42, No. 4, 1975.

体的人均效用加总。由此，采用本书所建议的减排政策前后整个社会的总福祉之比 w_{ab} 为：

$$w_{ab} = \frac{W_{after}}{W_{before}} = \frac{Mu_{after}}{Mu_{before}} = [(1-t^*)^\beta]^\gamma \left[\frac{E_0}{E_0 - E_{CO_2}^{before}}\right]^{1-\gamma} \quad (5-19)$$

由式（5-19）可知，减排政策对于整个社会总福祉的影响需要综合考虑征收碳税对于消费的消极影响 $[(1-t^*)^\beta < 1]$ 和对于环境质量改善的积极影响 $[E_0/(E_0 - E_{CO_2}^{before}) > 1]$。由此，如果二氧化碳排放所造成的危害足够严重，减排政策的有效实施可能使整个社会总福祉增加。并且，γ 值越小，说明整个社会对于环境质量越重视，减排政策的实施所带来的好处越明显。

最后，我们参照 Ng Yew-kwang 和 Ng Siang 采用超边际分析方法对于政府投入基础设施建设的分析方式①，探讨本书所建议的减排政策相对于其他减排政策的优势。

二 减排政策比较

命题 4 从福祉角度考虑，采用将碳税所得用于增加低碳能源市场交易效率的减排政策相对于单纯的税收手段可能更易于社会总福祉的增加。

证明如下。如果对传统高碳企业征收的碳税所得并不用于增加低碳能源市场的交易效率，而直接返还给各市场，此种情况，低碳能源市场与高碳能源市场的市场交易效率与市场价格均相等。此时促使市场从高碳能源市场结构转化为低碳能源市场结构的最低税率变为：

$$t' = 1 - \alpha^\alpha (1-\alpha)^{1-\alpha} k_0^\alpha \bar{l}^\alpha \quad (5-20)$$

以 $\alpha = 0.4$；$\beta = 0.4$；$\bar{l} = 1$；$\rho = 0.3$；$\theta = 0.5$；$M = 100$；$E = 1$；$\gamma = 0.7$ 为例，我们可以得到 $t' = 0.5577$，市场转化之后的人均效用为 0.4069，将碳税所得平均分配给各市场之后，人均效用增加到

---

① Ng Yew-Kwang and Ng Siang, "Why Should Government Encourage Improvements in Infrastructure? Indirect Network Externality of Transaction Effiency", *Public Finance and Management*, Vol. 7, No. 5, 2007.

0.4911。而如果采用本书建议的减排政策——将碳税所得用于增加低碳能源市场交易效率,市场转化的最低税率值仅为 $t^* = 0.1231$,而市场转化之后的人均效用反而较高为 0.4928。正如 Ng Yet-Kwang 和 Ng Siang 的分析[①],碳税所得用于市场交易效率增加不仅可获得直接收益,还会因促使能源市场劳动分工程度增加而获得间接网络收益,这也是其相对于直接的补贴手段的优势所在。

第五节 超边际均衡绿色经济增长模型的数值模拟分析

以下我们着重分析模型涉及的三种重要参数对市场结构从高碳能源市场结构向低碳能源市场结构转化的难易程度——对市场结构转化所需最低碳税税率 t^* 的影响,以及对社会总福祉变化 w_{ab} 的影响。

一 低碳能源市场特有投入的生产弹性系数

参数 α 是低碳能源市场生产过程中特有投入 x 的生产弹性系数,在本书中我们设定 $\alpha \in (0, 1)$。α 越大,意味着特有投入 x 对低碳能源产量的影响越大。

从图 5-3 中可以看出,总的趋势是,随着 α 从 0 增大到 1,t^* 先增加再减小,而 w_{ab} 却是先减少再增大,$\alpha = 0.5$ 是一个分界点。$\alpha < 0.5$,α 的增加不仅会增加市场结构转化所需最低碳税税率 t^*,还会减少福祉因政策而提高的程度。但 $\alpha \geq 0.5$ 后,再继续增加 α,对减排政策的实施是非常有利的,此时特有投入 x 的边际收益大于边际成本,所需的最低碳税税率 t^* 更小,则对于消费的负面

[①] Ng Yew-Kwang and Ng Siang, "Why Should Government Encourage Improvements in Infrastructure? Indirect Network Externality of Transaction Effiency", *Public Finance and Management*, Vol. 7, No. 5, 2007.

影响越小。而 α 增加却不会影响采取减排政策之前高碳能源市场排放的二氧化碳总量。也就是说，对于环境质量因为减排政策实施而提高的状况没有影响。综合考虑消费与环境质量两个方面对总福祉的影响可知，此种状况（$\alpha \geqslant 0.5$）下增加 α 更利于社会总福祉的增加。

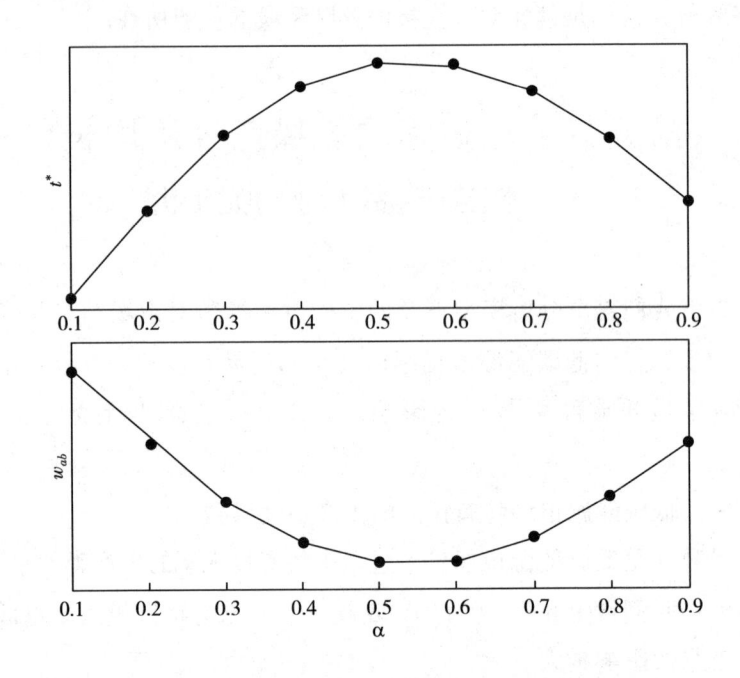

图 5 - 3　低碳能源市场特有投入 x 的生产弹性系数 α 的影响

二　能源转化率参数

参数 β 是度量能源转化率的指标，在本书中我们设定 $\beta \in (0, 1)$。β 越大，说明能源转化率越高，投入一单位的能源可转化为更多的最终消费品。

能源转化率 β 越大，会促使高碳能源的价格 p_y 降低，而减排政策实施之前市场中高碳能源市场主体更多，且所征收的碳税收入更多，从而使在相同的碳税税率情况下，市场更容易转化为低碳能源市场。从图 5 - 4 我们可以看出，能源转化率增加，会降低最低碳税

税率值 t^*。但对于总福祉变化（w_{ab}）的影响则需要分为以下两种情况：当 β 较小，在阈值（本例中，阈值为 [0, 0.3]）以内时，增加 β 会使减排政策实施之后社会总福祉大幅度增加，但 β 超过阈值后，继续增加 β 反而会减小福祉因减排政策实施而增加的程度。因为，一方面，能源转化率越大，减排政策实施之前在市场中的高碳能源市场主体更多，则减排政策实施之后对消费的负面影响越大；另一方面，能源转化率的增加会造成减排政策实施之前高碳能源市场主体更多，二氧化碳的排放量也越多，环境危害更大，从而减排政策实施之后环境改善所获得的福祉改善也越大。

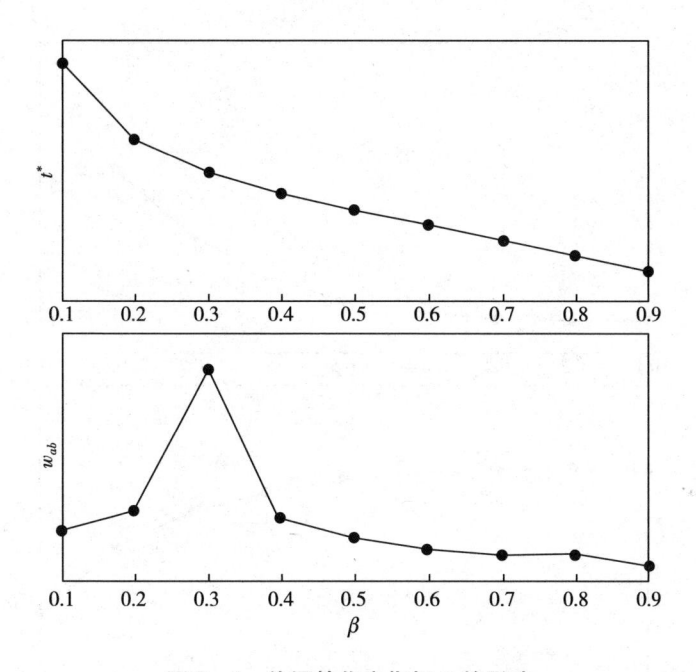

图 5-4 能源转化率指标 β 的影响

三 低碳能源市场交易效率变化率

参数 θ 是度量碳税收入用于增加低碳能源市场交易效率的作用效果。参数 θ 的大小会很大程度上影响低碳能源市场的交易效率（k）增加到最大值的难易程度。θ 值越小，则相同的碳税收入和碳税税率情况下，低碳能源市场的交易效率（k）更高，说明采用的增加低碳能源市场交易效率的措施越有效。

从图 5-5 可以看出，采用越有效的增加低碳能源市场交易效率的措施，即 θ 越小，可以有效地减小最低碳税税率值 t^*，那么减排政策实施之后税收对消费的消极影响越小，同时二氧化碳的排放量不会随 θ 值的变动而变动，θ 值的变动不会影响减排政策实施之后环境质量的改善效果。综合考虑消费和环境对社会总福祉的影响，θ 的减小可增大减排政策实施之后社会总福祉提高的程度。

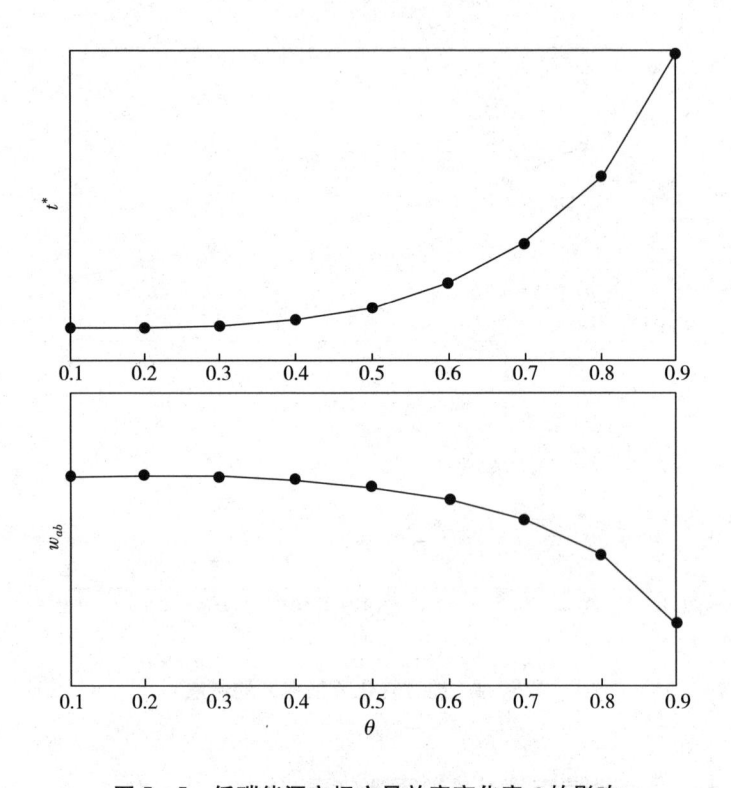

图 5-5 低碳能源市场交易效率变化率 θ 的影响

第六节 结 论

本章将 Yang[①] 专业化分工的超边际均衡模型应用于经济增长与碳减排"双赢"的问题上，在 Zhang 和 Shi[②] 超边际均衡绿色经济增长模型的基础上进一步改进，提出新的不需要政府选择"赢家"的碳减排政策的政策建议。在超边际均衡的模型框架下，进行社会总福祉分析，通过模型分析与数值模拟说明，得到以下结论：

第一，本章证明没有政府干预，市场不会自主地选择低碳高竞争力的市场结构。然而，过度碳排放会影响社会总福祉和生产效率。因此，政府严格的碳减排政策介入对于避免市场失灵，触发市场从高碳结构向低碳结构的转化是非常有必要的。

第二，本章证明采用对高碳能源市场征收碳税的税收收入用于增加低碳能源市场交易效率的政策是可行的——可促使能源产业结构转型，从高碳能源市场结构转化为高竞争力绿色低碳能源市场结构。并且，在一定条件下，减排政策实施之后可能促使社会总福祉增加。

第三，本章证明，相对于单纯对高碳企业征收碳税的减排政策，碳税税收收入用于提高低碳市场交易效率的减排政策在一定条件下更易于社会总福祉的增加。因为，碳税加上增加低碳能源市场的交易效率，不但考虑了碳排放的外部成本，获得直接收益，也考虑了提高交易效率对提高分工的间接网络外部效益。相对于单纯税收的减排政策更易于社会总福祉的增加。

第四，本章通过数值模型探讨了三个重要参数对减排政策实施

[①] Yang Xiaokai, *Economics: New Classical Versus Neoclassical Framework*, New York: Blackwell, 2001.

[②] Zhang Y. and Shi He-ling, "From Burden-sharing to Opportunity-sharing: Unlocking Climate Negotiations", *Climate Policy*, Vol. 14, No. 1, 2014.

◇ 非传统全局均衡框架下的福祉分析

效果的影响。结果表明，在本书所设定的函数形式下，在一定的条件下，政府可通过鼓励低碳市场研发相应低碳能源技术，增加低碳能源市场特有投入的生产弹性系数；通过鼓励技术研发，增大能源转化率；和采用更有效的增加低碳能源市场交易效率的措施等手段，提升碳减排政策实施的效果，更利于社会总福祉的增加。我们建议政府充分考虑各方面因素，制定出更有效的减排政策。

对于气候变暖最有效的应对措施是摆脱经济发展对传统化石能源的依赖，从高碳能源市场结构转化为低碳能源市场结构。然而，从传统边际分析的视角，温室气体的减排对经济增长是"负担"，阻碍了减排政策的有效实施。本章采用超边际均衡绿色经济增长模型进行有效的福祉分析，证明如果采用适合本国实情的有效减排政策，是可以将气候危机转化为一次重要的发展机遇，促进经济转型——从高碳结构转型为高竞争力绿色低碳的经济结构。真正变"负担"为"双赢"，实现经济社会的可持续发展。

第六章 结论与展望

第一节 主要结论

本书采用了两种非传统全局均衡分析方法（综观经济分析方法和超边际均衡分析方法），并设定了一般性的福祉分析函数，构建了两个非传统全局均衡框架下的社会总福祉分析模型。通过对模型的求解分析，从理论角度探讨了公共政策（包括货币政策、财政政策和碳减排政策）对社会总福祉的影响机制，并给出相应政策建议。本书的研究工作不仅是对这两个非传统全局均衡的分析方法的理论拓展，而且促使理论和政策的重心重新回归到社会总福祉最大化这一终极目标，具有较高的理论创新和现实指导的意义。本书所做的主要工作和重要结论总结如下。

第一，本书在综观经济学基本假设条件下，构建出一个具有典型厂商、就业者、失业者、政府部门的综观经济学分析模型，并首次在综观经济分析模型的框架下进行社会总福祉分析，将综观经济分析方法的适用性进一步扩大。

通过比较静态的分析方法，我们证明：

（1）总需求的外生变动（如货币政策的实施、金融危机、国民对市场的信心等因素），在一定条件下，可能会产生实际扩张/收缩的效果，对实际总产量和就业率产生影响，而对价格水平没有实际作用效果，并且对实际宏观变量的影响可能远超过外生总需求变动的比例。在另外的一些条件下，也可能不会产生实际扩张/收缩的效果，不影响实体经济，仅会促使市场价格水平和平均工资水平超比例的增加。具体的影响效果是由经济系统的特性决定的。

（2）政府提高财政政策中个人所得税率，最直接的影响是消费，会减小消费需求，对总需求产生消极影响，然后间接影响宏观经济变量（实际总产量、就业率、价格水平和工资水平）。

（3）政府提高财政政策中企业所得税率，会对需求面和供给面均产生影响，而最终表现出来的宏观经济变量的变化是这两个方面的共同作用效果。一方面，企业所得税率提高会对总需求产生负面影响，减少总需求，可能间接影响宏观经济变量（实际总产量、就业率、价格水平和工资水平）；另一方面，企业所得税率提高意味着企业的利润空间减少，企业可能倾向于提高价格和扩大生产。

（4）宏观经济政策（如货币政策和财政政策）的实施会通过影响消费者的相对收入、公共品的消费量、失业率等影响社会总福祉。本书从理论方面促使经济学研究由对物质的关注转向社会福祉这一终极目标，在综观经济理论框架下进行社会总福祉分析，深入揭示了宏观经济政策对社会总福祉的影响机制。

我们建议政府在制定相关的宏观经济政策时将社会总福祉作为终极目标，充分考虑政策调整可能对社会总福祉产生影响的各个方面，以实现社会福祉最大化的目标。

第二，本书采用综观经济分析的基本模型证明，仅放松完全竞争这一非现实的假设，货币在短期和长期都可能是非中性的。也就是说，金融货币部门货币数量（包括信用货币数量）的剧烈减少，可能带来实体经济的巨大衰退，这也从理论层面解释了国际金融危机对实体经济的巨大影响。

然后，本书通过综观经济分析模型证明，在一定的产量范围内，经济系统可能存在系列均衡，这种状态在现实中是可能存在的。

第六章
结论与展望

在此基础上,本书通过构建综观经济学动态模型,并采用数值模拟的方式更直观地证明,当经济系统存在时滞效应、非完全信息等状况时,外生冲击(如国际金融危机导致国内总需求减少的冲击或者货币政策的变动)可能推动经济系统形成经济周期,而不同的冲击或者经济系统特性的不同可能形成不同形式的经济周期。

由此可知,金融货币部门和金融市场稳定对国家经济和人们生活是相当重要的。对此,我们建议面对国际金融危机带来的巨大的经济衰退,通过重新建立消费者对市场的信心,鼓励消费等手段增加市场的总需求是当务之急。

第三,本书将超边际均衡分析方法应用于绿色经济增长的研究,提出新的不需要政府选择"赢家"的碳减排政策,并在超边际均衡绿色经济增长模型框架下进行有效的社会总福祉分析。

通过构建超边际均衡的绿色增长理论模型证明:

(1)政府采取强制的减排政策是必要的。没有政府干预,市场不会自主地选择低碳高竞争力的市场结构,而过度碳排放会影响社会总福祉和生产效率。

(2)本书建议的减排政策是可行的。采用对高碳能源市场征收碳税的税收收入用于增加低碳能源市场交易效率的政策是可行的——可促使能源产业从高碳能源市场结构转化为高竞争力绿色低碳能源市场结构。且在一定条件下,减排政策实施之后可能促使社会总福祉增加。

(3)相对于单纯对高碳企业征收碳税的减排政策,将碳税税收收入用于提高低碳市场交易效率的减排政策更易于社会总福祉的增加,这样的减排政策不但考虑了碳排放的外部成本,获得直接收益,也考虑了提高交易效率促使劳动力分工结构提高的间接网络外部效益。这也体现了相比传统的边际分析模型,采用超边际均衡模型的优势,能更好地体现分工结构变动的间接网络外部性。

本书还通过采用数值模拟的方法探讨了三个重要参数对减排政策实施效果的影响。结果表明:在本书所设定的函数形式下,在一定的条件下，政府可通过鼓励低碳市场研发相应低碳能源技术，增加低碳能源市场特有投入的生产弹性系数；通过鼓励技术研发，增大能源转化率；采用更有效地增加低碳能源市场交易效率的措施等手段，提升碳减排政策实施的效果，更利于社会总福祉的增加。对此，我们建议政府充分考虑各方面因素，制定出更有效的减排政策。

由此可见，如果采用适合本国实情的有效减排政策，是可以将气候危机转化为一次重要的发展机遇，促进经济转型——从高碳结构转型为高竞争力绿色低碳的经济结构。

总之，本书拓展了两个非传统全局均衡的理论，同时促使理论研究和公共政策的重点重新回到社会总福祉上，使这两个非传统全局均衡的理论的实用性更强。而且通过数值模拟的方法对这两个理论模型进行解释说明。从理论层面，探讨了公共政策对个人和社会总福祉的影响机理。为经济发展和社会运作更利于人类福祉的提高，提供了有益的理论指导和政策建议。

第二节 研究展望

总体而言，本书在充分借鉴国内外综观经济分析模型和超边际均衡分析模型的研究成果基础上，进一步拓展了这两个非传统全局均衡的理论模型。本书在这两个非传统全局均衡的理论模型框架下进行社会总福祉分析，探讨了公共政策对社会总福祉的影响机制。研究结果为政策制定者追求社会总福祉最大化这一终极目标提供了理论支持。然而，本书作为对这两个非传统全局均衡框架下进行社会总福祉分析的一次有益的探索，还存在一些不足或缺憾，尚需在未来的研究中进一步探索和深化。

第一，本书对于综观经济学理论的拓展主要是在理论分析的层面，扩大了理论模型对现实问题的分析范围。然而，在综观经济学

第六章
结论与展望

理论框架中，仍旧非常缺乏实证检验的内容。如何采用现代的计量分析方法，通过现代的计量手段对综观经济分析理论的基本结论进行实证检验，以促使综观经济学理论进一步发展，是下一步的重要研究方向。

第二，本书在综观经济理论模型框架下，针对整个经济体进行社会总福祉分析，探究了公共政策（包括货币政策和财政政策）对社会总福祉的作用机理，然而在实证方面还缺乏有力的验证。如何收集与整理社会总福祉（国民主观幸福感）和相应的经济数据，采用计量分析的方法对理论模型的结论进行实证检验，深入探讨宏观经济政策的实施对国民主观幸福感的影响途径和作用效果，为政府制定更有益于民生的政策提供一定的支持，这是我们下一步的重要研究方向。

第三，本书通过构建综观经济学的动态理论模型，采用数值模拟的手段，简单探讨了外生冲击对中国实体经济的影响和可能引发的经济周期的情况。然而，为了降低模型的复杂程度，我们在构建综观经济学动态理论模型时采取了多个简化假设，限制了模型对现实问题的解释性。因而，在今后的研究中，我们希望放宽模型构建时的一些假设条件，使模型更贴近现实的状况，并进一步求解出解析解，以便更深入地探讨国际金融危机所带来的深刻影响。同时，我们希望在综观经济学的动态理论模型的框架下进一步进行社会总福祉分析，从理论和实证两方面探究外生冲击（如国际金融危机）对社会总福祉的影响机制。这些课题都非常值得我们去深入研究。

第四，本书将超边际均衡模型应用于绿色经济增长的分析，然而构建的超边际均衡模型还十分简单。在今后，我们希望应用现代数学的手段，进一步确定模型中参数的取值范围，使分析更具有现实意义。同时，本书建议的碳减排政策——将对高碳企业征收的碳税所得用于降低低碳市场交易成本的设定仍较简单，如何更细致地区分各个交易市场，提出更易实施更有利于提高社会总福祉的减排政策等课题也亟待我们进行更深入的研究。

参考文献

蔡华俭、黄玄凤、宋海荣：《性别角色和主观幸福感的关系模型：基于中国大学生的检验》，《心理学报》2008年第4期。

陈诗一、陈登科：《雾霾污染、政府治理与经济高质量发展》，《经济研究》2018年第2期。

冯之浚、周荣：《低碳经济：中国实现绿色发展的根本途径》，《中国人口资源与环境》2010年第4期。

甘小军、王翚、玄立平：《古典货币非中性理论研究》，《经济问题》2013年第6期。

郭冠清、郭夏月：《经济周期理论的演变与最新进展》，《当代经济》2014年第17期。

何立新、潘春阳：《破解中国的"Easterlin悖论"：收入差距、机会不均与居民幸福感》，《管理世界》2011年第8期。

洪涛、范瑛：《现代经济学分析方法及其发展趋势》，《北京工商大学学报》（社会科学版）2008年第6期。

凯恩斯：《就业、利息和货币通论》，华夏出版社2005年版。

李实、罗楚亮：《中国收入差距究竟有多大？》，《经济研究》2011年第4期。

林伯强、李爱军：《碳关税的合理性何在？》，《经济研究》2012年第11期。

刘卫东：《新冠肺炎疫情对经济全球化的影响分析》，《地理研究》2020年第7期。

亓寿伟：《中国居民主观幸福感与公共政策》，中国社会科学出版社 2013 年版。

齐子豪、李标：《全球化背景下中国潜在经济增长的影响因素与趋势再估计》，《工业技术经济》2020 年第 10 期。

强天雷、任保平：《当代西方经济学主要研究方法述评》，《经济评论》2001 年第 3 期。

汤普逊：《中世纪经济社会史：300—1300 年》，商务印书馆 1961—1963 年版。

王兵、刘光天：《节能减排与中国绿色经济增长——基于全要素生产率的视角》，《中国工业经济》2015 年第 5 期。

王端：《现代宏观经济学中的投资理论及其最新发展》，《经济研究》2000 年第 12 期。

王军：《气候变化经济学的文献综述》，《世界经济》2008 年第 8 期。

王疏影、梁捷：《幸福的来源——以中国青少年为例》，《学术月刊》2014 年第 11 期。

王疏影、史鹤凌、黄有光：《碳减排与经济增长双赢的可行性分析》，《社会科学战线》2015 年第 3 期。

王悦：《西方经济周期与经济波动理论回顾》，《求索》2006 年第 10 期。

邢占军：《主观幸福感测量研究综述》，《心理科学》2002 年第 3 期。

杨灿明、孙群力：《中国居民收入差距与不平等的分解——基于 2010 年问卷调查数据的分析》，《财贸经济》2011 年第 11 期。

姚明霞：《西方理论福利经济学研究》，博士学位论文，中国人民大学，2001 年。

张学志、才国伟：《收入、价值观与居民幸福感——来自广东成人调查数据的经验证据》，《管理世界》2011 年第 9 期。

张勋、万广华、张佳佳等：《数字经济、普惠金融与包容性增长》，《经济研究》2019 年第 8 期。

张玉喜：《货币与经济周期：理论发展及其评述》，《当代经济研究》2010 年第 5 期。

章元、万广华、史清华：《中国农村的暂时性贫困是否真的更严重》，《世界经济》2012 年第 1 期。

Acemoglu, D., et al., "The Environment and Directed Technical Change", *American Economic Review*, Vol. 102, No. 1, 2012.

Akerlof, G. A. and Yellen, J. L., "The Fair Wage – effort Hypothesis and Unemployment", *The Quarterly Journal of Economics*, 1990.

Alesina, A., et al., "Inequality and Happiness: Are Europeans and Americans Different?", *Journal of Public Economics*, Vol. 88, 2001.

Baily, M. N., "Wages and Employment under Uncertain Demand", *Review of Economic Studies*, Vol. 41, 1974.

Becker, Gary S., *A Treatise on the Family*, A Treatise on the Family: A Treatise on the Family, 1981.

Blanchflower, D. G. and Oswald, A. J., "Well – being over Time in Britain and the USA", *Journal of Public Economics*, Vol. 88, No. 7, 2004.

Borland, J. and Yang Xiaokai, "Specialization, Product Development, Evolution of the Institution of the Firm, and Economic Growth", *Journal of Evolutionary Economics*, Vol. 5, No. 1, 1995.

Brockmann, H., et al., "The China Puzzle: Falling Happiness in a Rising Economy", *Journal of Happiness Studies*, Vol. 10, No. 4, 2009.

Caju, P. D., et al., "Why Firms Avoid Cutting Wages: Survey Evidence from European Firms", *Ilr Review*, Vol. 68, No. 4, 2014.

Chang, P. J., et al., "Air Pollution as a Moderator in the Association Between Leisure Activities and Well – Being in Urban China", *Journal of Happiness Studies*, Vol. 20, 2019.

Collins, A. L., et al., "Flow and Happiness in Later Life: An Investigation into the Role of Daily and Weekly Flow Experiences", *Journal* of Happiness Studies, Vol. 10, No. 6, 2009.

Davide Furceri and Annabelle Mourougane, "The Effect of Financial Crises on Potential Output: New Empirical Evidence from OECD Countries", Journal of Macroeconomics, Vol. 34, No. 3, 2012.

Davis, et al., "Globalization, Climate Change, and Human Health", New England Journal of Medicine, Vol. 368, No. 14, 2013.

Diener, E. and Seligman Martin, "Beyond Money: Toward an Economy of Well – Being", American Psychological Society, Vol. 5, No. 1, 2004.

Diener Ed and Suh Eunkook, "Measuring Quality of Life: Economics, Social, and Subjective Indicators", Social Indicators Research, Vol. 40, No. 7, 1997.

Dirksen, C. J. and Bussell, D. W., A Contribution to the Theory of the Trade Cycle, Oxford: Clarendon Press, 1950.

DiTella Rafael, et al., "The Macroeconomics of Happiness", Review of Economics & Statistics, Vol. 85, 2003.

Dixon, H. D. and Rankin, N., "Imperfect Competition and Macroeconomics: A Survey", Oxford Economic Papers, Vol. 46, No. 387, 1994.

Dopfer, K., et al., "Micro – meso – macro", Journal of Evolutionary Economics, Vol. 14, No. 3, 2004.

Easterlin, R. A., "Will raising the Incomes of all Increase the Happiness of All?", Journal of Economic Behavior & Organization, Vol. 27, No. 1, 1995.

Easterlin, Richard A., "Does Economic Growth Improve the Human Lot? Some Empirical Evidence", Nations & Households in Economic Growth, Vol. 89, 1974.

Easterlin, Richard A., et al., "China's Life Satisfaction, 1990 – 2010", Proceedings of the National Academy of Sciences, Vol. 109, No. 25,

2012.

Elgar, F. J., et al., "Social Capital, Health and Life Satisfaction in 50 Countries", *Health & Place*, Vol. 17, No. 5, 2011.

Ferrer – I – Carbonell, A., "Income and Well – being: An Empirical Analysis of the Comparison Income Effect", *Journal of Public Economics*, Vol. 89, No. 5 – 6, 2005.

Fischer and Stanley, "Long – Term Contracts, Rational Expectations, and the Optimal Money Supply Rule", *Journal of Political Economy*, Vol. 85, No. 1, 1977.

Flavin, P., "State Government Public Goods Spending and Citizens' Quality of Life", *Social Science Research*, Vol. 78, 2019.

Frey, B. S. and Stutzer, A., "The Use of Happiness Research for Public Policy", *Social Choice & Welfare*, Vol. 38, No. 4, 2012.

Garnaut, R., "The Garnaut Review 2011: Australia in the Global Response to Climate Change", *The Garnaut Review*, 2011.

Harsanyi, J. C., "Cardinal Welfare, Individualistic Ethics, and Interpersonal Comparisons of Utility, Essays on Ethics, Social Behaviour, and Scientific Explanation", *Journal of Political Economy*, Vol. 63, No. 4, 1976.

Hirsch, B. and Zwick, T., "How Selective are Real Wage Cuts? A Micro – analysis Using Linked Employer – employee Data", *LABOUR*, Vol. 29, 2015.

Holden, S., "Wage Bargaining and Nominal Rigidities", *European Economic Review*, Vol. 38, No. 5, 1994.

Holden, S. and Wulfsberg, F., "Wage Rigidity, Inflation, and Institutions", *Scandinavian Journal of Economics*, Vol. 116, No. 2, 2014.

Huang and Jiawen, "Income Inequality, Distributive Justice Beliefs, and Happiness in China: Evidence from a Nationwide Survey", *So-

cial Indicators Research, Vol. 142, 2018.

IPCC, *Climate Change* 2014: *Synthesis Report*, 2014.

Jorgenson, D. W. , "Capital Theory and Investment Behaviour", *American Economic Review*, Vol. 53, No. 2, 1963.

K. Abayasiri – Silva, "Aggregate Supply Functions in Closed and Open Economies: A Mesoeconomic Analysis", *The American economic review*, Vol. 82, No. 2, 1992.

Kahneman, et al. , "Developments in the Measurement of Subjective Well – Being", *Journal of Economic Perspectives*, Vol. 20, No. 1, 2006.

Kumari Areti Krishna, "Understanding Sustainable Development", *Social Science Electronic Publishing*, 2014.

Liu Pak Wai and Yang Xiaokai, "The Theory of Irrelevance of The Size of The Firm", *Journal of Economic Behavior & Organization*, Vol. 42, No. 2, 2000.

Mackerron, G. and Mourato, S. , "Life Satisfaction and Air Quality in London", *Ecological Economics*, Vol. 68, No. 5, 2009.

Mamalakis, et al. , "Poverty and Inequality in Latin America: Mesoeconomic Dimensions of Justice and Entitlements", *Journal of Interamerican Studies & World Affairs*, Vol. 38, No. 2 – 3, 1996.

Mann, S. , *Sectors Matter*! : *Exploring Mesoeconomics*, Berlin: Springer, 2011.

Matsumoto, A. and Szidarovszky, F. , "Nonlinear Multiplier – accelerator Model with Investment and Consumption Delays", *Structural Change and Economic Dynamics*, Vol. 33, No. jun. , 2015.

Mcdonald, I. M. and Solow, R. M. , "Wage Bargaining and Employment", *American Economic Review*, Vol. 71, No. 5, 1981.

Mitchell, D. J. , "Wage flexibility in the United States: Lessons from the past", *The American Economic Review*, Vol. 75, No. 2, 1985.

Murakami, N. , et al. , "Market Reform, Division of Labor, and

Increasing Advantage of Small – Scale Enterprises: The Case of the Machine Tool Industry in China", *Journal of Comparative Economics*, Vol. 23, No. 3, 2004.

Ng Siang and Ng Yew Kwang, "Welfare – reducing growth Despite Individual and Government Optimization", *Social Choice & Welfare*, Vol. 18, No. 3, 2001.

Ng Yew – Kwang, "Bentham or Bergson? Finite Sensibility, Utility Functions and Social Welfare Functions", *Review of Economic Studies*, Vol. 42, No. 4, 1975.

Ng Yew – Kwang, "Aggregate Demand, Business Expectation, and Economic Recovery without Aggravating Inflation", *Australian Economic Papers*, Vol. 16, No. 28, 1977.

Ng Yew – Kwang, "Macroeconomics with Non – Perfect Competition", *Economic Journal*, Vol. 90, No. 3593, 1980.

Ng Yew – Kwang, "A Micro – macroeconomic Analysis Based on a Representative Firm", *Economica*, Vol. 49, No. 194, 1982.

Ng Yew – Kwang, *Mesoeconomics: A micro – macro Analysis*, London: Harvester, 1986.

Ng Yew – Kwang, "Welfarism and Utilitarianism: A Rehabilitation", *Utilitas*, Vol. 2, No. 2, 1990.

Ng Yew – Kwang, "Business Confidence and Depression Prevention: A Micro – macroeconomic Perspective", *Mathematical Social Sciences*, Vol. 25, No. 1, 1992.

Ng Yew – Kwang, "Happiness Surveys: Some Comparability Issues and an Exploratory Survey Based on Just Perceivable Increments", Vol. 38, No. 1, 1996.

Ng Yew – Kwang, "Utility, Informed Preference, or Happiness: Following Harsanyi's Argument to Its Logical Conclusion", *Social Choice & Welfare*, Vol. 16, No. 2, 1999.

Ng Yew – Kwang, "From Preference to Happiness: Towards a More Complete Welfare Economics", *Social Choice and Welfare*, Vol. 20, No. 2, 2003.

Ng Yew – Kwang, "Happiness Studies: Ways to Improve Comparability and Some Public Policy Implications", *Economic Record*, Vol. 84, 2010.

Ng Yew – Kwang, "Consumption Tradeoff vs Catastrophes Avoidance: Implications of Some Recent Results in Happiness Studies on the Economics of Climate Change", *Climatic Change*, Vol. 105, No. 1 – 2, 2011.

Ng Yew – Kwang and Ng Siang, "Why Should Government Encourage Improvements in Infrastructure? Indirect Network Externality of Transaction Effiency", *Public Finance and Management*, Vol. 7, No. 5, 2007.

Ng Yew Kwang, "Why Is a Financial Crisis Important? The Significance of the Relaxation of the Assumption of Perfect Competition", *International Journal of Business and Economics*, Vol. 8, No. 2, 2009.

Ng Yew Kwang, "Why Is Finance Important? Some Thoughts on Post – Crisis Economics", *The Singapore Economic Review*, Vol. 59, No. 5, 2014.

Ng Yew Kwang, et al., "Multiple Equilibria and Interfirm Macro – Externality: An Analysis of Sluggish Real Adjustment", *Annals of Economics and Finance*, No. 5, 2004.

Nordhaus, "Optimal Greenhouse – gas Reductions and Tax Policy in the DICE Model", *American Economic Review*, Vol. 83, No. 2, 1993.

Oishi, et al., "Income Inequality and Happiness", *Psychological Science (Sage Publications Inc.)*, 2011.

Oswald, A. J., "Happiness and Economic Performance", *The Economic Journal*, Vol. 107, 1997.

Phelps, E. S., "Post – crisis Economic Policies", *Journal of Policy Modeling*, Vol. 32, No. 5, 2010.

Ram, R., "Government Spending and Happiness of the Population: Additional Evidence from Large Cross – country Samples", *Public Choice*, Vol. 138, No. 3 – 4, 2009.

Robinson, J. P. and Shaver, P. R., "Measures of Social Psychological Attitudes", *Contemporary Sociology*, Vol. 5, No. 4, 1973.

Rosen, S., "Substitution and Division of Labour", *World Scientific Book Chapters*, Vol. 45, No. 179, 1978.

Sachs, J. D., et al., "Economic Reforms and Constitutional Transition", *Cid Working Papers*, Vol. 1, No. 2, 2000.

Sachs, J. D. and Yang Xiaokai, *Development Economics*, The United Kingdom: Blackwell Publishers, 2001.

Sachs Jeffrey et al., "Globalization, Dual Economy, and Economic Development", *China Economic Review*, Vol. 11, No. 2, 2000.

Samuelson P., "Interactions between the Multiplier Analysis and the Principle of Acceleration", *Review of Economic Statistics*, Vol. 21, No. 2, 1939.

Shi He – ling, "Continuum of Equilibria and Business Cycles: A Dynamic Model of Mesoeconomics", *The American Economic Review*, Vol. 82, No. 2, 1992.

Shi He – ling and Yang Xiaokai, "A New Theory of Industrialization", *Journal of Comparative Economics*, Vol. 20, No. 2, 1995.

Shi He – Ling and Zhang Y., *How Carbon Emission Mitigation Promotes Economic Development – A Theoretical Framework*, Melbourne: Department of Economics, Monash University, 2012.

Stern, N. H. and Treasury G. B., *The Economics of Climate Change: The Stern Review*, Cambridge: Cambridge University Press, 2007.

Tella, R. D., et al., "Preferences over Inflation and Unemployment: Evidence from Surveys of Happiness", *The American Economic Review*, *Vol. 91*, *No. 1*, 2000.

Tittle, D., "A Mesoeconomic Approach to Socioeconomics", *American Journal of Economics and Sociology*, Vol. 72, No. 3, 2013.

UNFCCC, *National Greenhouse Gas Inventory Data for the Period 1990 – 2011*, Warsaw: United Nations Office at Geneva, 2013.

Wang, J., et al., "Relative Income and Subjective Well – Being of Urban Residents in China", *Journal of Family and Economic Issues*, Vol. 40, 2019.

Wassmer, R. W., et al., "Sub – national Fiscal Activity as a Determinant of Individual Happiness: Ideology Matters", *Journal of Happiness Studies*, Vol. 10, No. 5, 2009.

Wood J. V., "What is Social Comparison and How Should We Study it?", *Personality & Social Psychology Bulletin*, Vol. 22, No. 5, 1996.

Yang Xiaokai, "Development, Structural Changes and Urbanization", *Journal of Development Economics*, Vol. 34, No. 1 – 2, 1990.

Yang Xiaokai, "Endogenous vs Exogenous Comparative Advantage And Economies of Specialization vs Economies of Scale", *Journal of Economics*, Vol. 60, No. 1, 1994.

Yang Xiaokai, *Economics: New Classical Versus Neoclassical Framework*, New York: Blackwell, 2001.

Yang Xiaokai and Borland J., "A Microeconomic Mechanism For Economic Growth", *Journal of Political Economy*, Vol. 99, No. 3, 1991.

Yang Xiaokai and Borland Jeff, "A Microeconomic Mechanism For Economic Growth", *Journal of Political Economy*, Vol. 99, No. 3, 1999.

Yang Xiaokai and Ng Yew Kwang, *Specialization and Economic Organization: A New Classical Microeconomic Framework*, Amsterdam:

Elsevier, 1993.

Yang Xiaokai and Ng Yew Kwang, "Theory of the Firm and Structure of Residual Rights", *Journal of Economic Behavior & Organization*, Vol. 26, No. 1, 1995.

Yang Xiaokai and Shi He‑Ling, "Specialization and Product Diversity", *American Economic Review*, Vol. 82, No. 2, 1992.

Yang Xiaokai, et al., "Economic Growth, Commercialization, and Institutional Changes in Rural China, 1979 – 1987", *China Economic Review*, Vol. 3, No. 1, 1992.

Yang Xiaokai and Wills I., "A Model Formalizing the Theory of Property Rights", *Journal of Comparative Economics*, Vol. 14, No. 2, 1990.

Yang Xiaokai and Yeh Yeong‑nan, "Endogenous Specialisation and Endogenous Principal‑agent Relationship", *Australian Economic Papers*, Vol. 41, No. 1, 2002.

Yang Xiaokai and Zhang Dingsheng, "Economic Development, International Trade, and Income Distribution", *Journal of Economics*, Vol. 78, No. 2, 2003.

Yin Xiangkang, "A Two‑Sector Macroeconomic Model of the Chinese Economy in Transition", *Working Papers*, 1997.

Young, A. A., "Increasing Returns and Economic Progress", *Economic Journal*, Vol. 38, No. 152, 1928.

Zhang, Y. and Shi He‑ling, "From Burden‑sharing to Opportunity‑Sharing: Unlocking Climate Negotiations", *Climate Policy*, Vol. 14, No. 1, 2014.

Zhao, Y., "Effects of a Demand Shift in Macroeconomics: A Two‑sector Mesoeconomic Analysis", *Taiwan Economic Review*, Vol. 27, No. 4, 1999.

后　记

本书的完成主要是基于我在西安交通大学博士阶段的研究，以及在新加坡南洋理工大学博士后阶段针对综观经济学方法的进一步研究，同时结合在重庆工商大学经济学院国际经济与贸易系工作中针对国际经济与贸易的研究与教学反思。回首走过的路，每个阶段都有许多人给了我热情的支持和无私的帮助，在此，我要对他们致以最诚挚的感谢。

首先，我要感谢重庆工商大学经济学院的各位老师，在我的工作中给予各种帮助与关怀，尤其要感谢重庆工商大学经济学院曾庆均老师以及蒋兴红老师的帮助与支持。

其次，我要特别感谢我的博士指导老师黄有光教授。黄老师不仅在科研工作的各方面对我悉心指导，在生活上也对我关怀备至。他的言传身教让我建立了严谨与求真的科研态度；他的乐观、从容与淡定让我始终保持对生活的信心；他渊博的学识，严谨的治学态度和忘我的工作热情为我树立了学习的榜样，使我受益终身。我还要感谢在西安交通大学金禾经济研究中心给我教授课程的各位老师，他们对经济学的独特见解，谦逊的生活态度以及对经济学的热爱，为我打开了一扇通往经济学殿堂的大门，让我领略到其中的神奇和美妙。

另外，我要感谢在澳大利亚莫纳什大学访学期间给予我指导和帮助的各位老师。特别是在超边际均衡分析方面给予我指导的澳大利亚莫纳什大学史鹤凌副教授和梁捷博士。同时，要感谢我在新加坡南洋理工大学进行博士后研究学习阶段给予我指导的冯曲教授以及给予我诸多帮助的 Ruike Zhang 博士。

此外，我也要感谢我的好友和同学霍源源、冯沛华、陈嘉辉、鲁莎、王文婷、王汝曦、陈少飞、孙坤伟、王凤旺、张伟进等在学习和生活方面给予的诸多帮助和支持。

最后，我还要感谢我的父亲王易伟，感谢他对我的教育与支持；感谢我的亲人，感谢他们多年来给予的理解与宽容；感谢我的丈夫王超，给予我的关爱与支持。我特别要感谢我在天堂的妈妈许瑛，感谢她留给我最宝贵的财富——乐观地面对生活。亲人的爱是最伟大的也是最无私的，这一份爱我会铭记于心。

王疏影
2021 年 3 月